I0078619

Caminando en el mundo como Amigo Cuáquero

—— PRÁCTICAS CUÁQUERAS ——
ESENCIALES

Por Nadine Clare Hoover

Vive a la altura de la Luz que tienes, y se te otorgará más.
~ Caroline Fox, 1840

Licencia Creativa Comun
Conscience Studio 2020
90 W. University St., Alfred, New York 14802 USA
www.CourageousGifts.com

Esta obra está bajo la licencia de Creative Commons Attribution-ShareAlike 3.0 Unported. Para ver una copia de esta licencia, visite http://creativecommons.org/licenses/by-sa/3.0/. Usted tiene el permiso de compartir, copiar, distribuir, transmitir, remezclar o adaptar esta obra bajo las siguientes condiciones:

- Atribución: La obra se atribuye a Nadine Clare Hoover (Conscience Studio 2017), lo que de ninguna manera sugiere que lo respaldamos a usted o su uso de la obra.
- Compartir por igual: cualquier alteración, transformación o construcción a esta obra debe distribuirse bajo Creative Commons o bajo una licencia similar para compartir por igual.

Se puede renunciar a cualquier condición con el permiso de Conscience Studio. Se conservan los derechos de trato justo, los derechos de uso justo, los derechos morales del autor y los derechos que otras personas puedan tener sobre la obra o sobre cómo se utiliza la obra.

Traducción: Se tradujo este libro del inglés al español por Emma Condori Mamani y el equipo de traductores del Friends International Bilingual Center auspiciado por la organización Colaboración para Educación Religiosa Cuáquera (QREC).

Hoover, Nadine Clare
Caminando en este mundo como Amigo Cuáquero: prácticas cuáqueras esenciales
ISBN 978-1-7356337-3-2

1. Cuáqueros HRCC97
2. Interreligioso HRAF
3. Misticismo HRLK2
4. Religión y Creencias HR

Tabla de contenido

Parte III: SOCIEDAD RELIGIOSA

Agradecimientos

Estoy agradecida con los educadores religiosos cuáqueros de todo el mundo que se reúnen en América del Norte con la Colaboración de Educación Religiosa Cuáquera. Nuestra naturaleza práctica y pragmática ayuda a mantener la simplicidad y complejidad de la práctica cuáquera fresca y viva con el Espíritu. El Comité Directivo de QREC brinda una nueva apertura, honestidad y hospitalidad espiritual que viene con la práctica genuina.

Específicamente, Beth Collea, Sita Diehl, Marty Grundy y Liz Yeats se acercaron, alentaron, leyeron, comentaron y mantuvieron este trabajo encaminado. El apoyo de la Fundación Shoemaker Thomas H. & Mary Williams hizo posible este trabajo, particularmente durante la pandemia. Espero que esté a la altura de su misión de renovar y fortalecer la Sociedad Religiosa de los Amigos.

También estoy agradecida a los habitantes de Aceh en el extremo norte de Sumatra. Viven vidas duras, habiendo crecido en una guerra de treinta años fuertemente financiada por Estados Unidos. Aún así, me acogieron, me enseñaron y se involucraron en el discernimiento mutuo. La prueba de su lucha, atemperó la claridad aquí reflejada.

La junta mensual de Alfred durante la última mitad del siglo XX, la junta mensual de Tallahassee de 1986 a 1999 y Gay Howard me permitieron experimentar la práctica cuáquera, la alegría de la comunidad cuáquera y los milagros diarios de abrir nuestras vidas a la guía del Espíritu vivo. Habiendo experimentado comunidades que se enfocan en las prácticas básicas simples, entiendo por qué los cuáqueros a menudo se mudaron como comunidades completas. El discernimiento mutuo crece y madura con el tiempo de maneras inexplicables.

Gracias a todos los que se detienen, suavizan, escuchan y se rinden, con valentía, entusiasmo, humildad y convicción. "Que el sol brille sobre nosotros por mucho tiempo, todo el amor nos rodee, y la luz pura dentro de nosotros guíe nuestro camino" (Mike Heron, 1967).

~

Queridísimos Amigos, estas cosas no los decimos como regla o una forma de andar, sino para que todos, con la medida de la luz que es pura y santa, se guíen; y así, en el caminar y morar en la luz, esto pueda cumplirse en el Espíritu, no en la letra, porque la letra mata, pero el Espíritu vivifica.

~ *Ancianos de Balby, 1656*

~

Prólogo

Estuvimos en la conferencia Colaboración para Educación Religiosa Cuáquera (QREC) de 2019. Justo al final de la sesión plenaria sobre "Reivindicar las raíces vivas de nuestra fe", alguien preguntó: "¿Qué hace un cuáquero para que seamos cuáqueros?".

La respuesta general fue: "Hacemos lo nuestro; encontramos nuestro propio camino". Dado que los cuáqueros no tienen dogma ni credo y respetamos a cada persona, tendemos a hablar por nosotros mismos, no por los demás. Pero esto puede alimentar el individualismo. La práctica cuáquera es comunal. El individualismo erosiona la comunidad y por lo tanto debilita la práctica cuáquera.

Entonces, durante el almuerzo escribí algunos enfoques para enseñar la práctica cuáquera para jóvenes o adultos en hojas de rotafolio. Entonces QREC me pidió que los produjera como materiales para las Reuniones de Amigos. Beth Collea, Liz Yeats, Sita Diehl y Marty Grundy ofrecieron aportes y comentarios invaluables. Los organizamos en cuatro áreas:

- **Tres roles clave de los cuáqueros:** Ministro, mayordomo y testigo. Los cuáqueros se comprometen a cumplir tres funciones claves como ministro, mayordomo y testigo. Los cuáqueros depusieron a los laicos y reconocieron a cada persona como un ministro, un Hijo de Dios, con acceso directo a lo Divino. Asumimos los roles de ministro—nutriendo nuestra vida interior, mayordomo—dando forma a nuestra vida exterior y testigo—expresando la fe y práctica en nuestra vida pública.

- **Experiencias del Espíritu: Convencimiento y Convicción.** Los cuáqueros experimentan el Espíritu Vivo que habla de nuestra condición humana. Experimentamos el poder y la gracia del Espíritu tanto en tiempos fáciles como en momentos difíciles, en cada persona, en cada momento, en todas partes. Celebramos la belleza y el valor de la vida por el puro placer de vivirla.
- **Experimentar con el Espíritu: Conversión de maneras.** Los cuáqueros experimentan permitiendo que el Espíritu les transforme y guíe nuestra vida diaria a través de nuestras facultades humanas de amor, conciencia y discernimiento. El Espíritu afirma lo bueno y amoroso, e ilumina lo quebrantado y sin amor, dentro de nosotros mismos, de los demás y de nuestras instituciones.
- **Sociedad Religiosa de Amigos: Estructuras Cuáqueras Esenciales.** La práctica de los cuáqueros es una ecología mística de la práctica, no una fe fanática, de libertinaje o ciega. En nuestra práctica, el Espíritu transforma individuos templados y probados por la comunidad, que atemperan y prueban a otras comunidades. Esto revela una guía social que da forma a la vida de las personas, creando una ecología de práctica regenerativa.

En generaciones recientes, los cuáqueros identificaron acuerdos grupales para practicar, que puede presentarse en cualquier sesión o reunión en general, que ayudan a crear juntos una comunidad amada.

Acuerdos para practicar

- Me afirmo a mí mismo y a los demás, sin menosprecios ni humillaciones.
- Detente, escucha, no interrumpas.
- Hablo de forma sencilla y honesta sin miedo a equivocarme.
- Hablo desde mi experiencia, no la de otros sin permiso.
- Cuida las emociones, luego hable directamente con alguien si está en disputa.
- Pide y ofrece hospitalidad, retroalimentación y ayuda.
- Hazte amigos, no enemigos, de personas tanto similares y diferentes de ti.
- Use lo que necesito y comparto el resto equitativamente.

- Uso mis derechos de pasar y de consultar.
- Me voluntario, y no a otros.
- Cuida de cada persona, la comunidad y el mundo natural.
- Vive en integridad con el poder transformador de la vida.

Ampliado del Proyecto Alternativas a la Violencia. PAV Internacional

Cómo usar este libro

Esta serie ofrece maravillosas descripciones de formas experimentales de encarnar la práctica cuáquera con actividades para las clases de escuela dominical, eventos de reuniones o grupos de estudio. Funcionó para Fox y Fell, Mott y Woolman, y tantos otros; también puede funcionar para nosotros. Para trabajar, no debemos ponernos a la defensa y más bien escuchar con la mente así como un niño lo haría, curiosos por ver qué sucederá. Debemos involucrarnos en las prácticas de nuevo y esperar nueva inspiración.

Esta serie puede ser útil en fragmentos o como una secuencia completa para la educación religiosa cuáquera para jóvenes o adultos. Trabajar tanto dentro como entre cohortes de edad mantiene vibrante la práctica cuáquera. Esto no necesita un experto. Cualquier grupo puede leer el libro, escuchar los videos, hacer las actividades y aprender juntos. La vida espiritual y la práctica crecen a medida que les prestamos atención. Pero sí está serie se beneficia de los participantes que experimentan el Espíritu, ceden a la guía espiritual en la vida diaria y son vulnerables y auténticos al compartir su fe y práctica cuáquera.

Puedes leer este texto o ver un video adjunto como introducción a una actividad. Puede que se sienta incómodo, inadecuado o abrumado por las instrucciones al principio. Pero cuanto más tiempo los sigas y los practiques según las instrucciones, más naturales se volverán.

Los materiales que le gustaría tener incluyen: este texto, acceso a videos, diarios personales e instrucciones de actividades para repartir o publicar. La actividad de autorretrato requiere papel y pasteles al óleo o crayones, pero cuanto más vibrante sea el color, mejor.

La serie de videos adjunta se puede encontrar en el sitio web de Quaker Religious Education Collaborative, véalos solos o como una introducción a una actividad:

Roles claves de los Cuáqueros (total 22:09)
Roles claves de los cuáqueros: ministro, mayordomo, testigo (3:31) Ser ministro (6:8)
Ser mayordomo (6:7)
Ser Testigo (5:37)
Ser un compañero (4:17)

La experiencia y el experimento (total 21:11)
Convencimiento Espiritual (5:8)
Convicción Espiritual (7:43)
El experimento con el Espíritu Vivo (8:20)

Estructuras cuáqueras esenciales (total 56:54)
Ecología de la práctica: estructuras cuáqueras esenciales (8:32)
Adoración cuáquera (6:50)
Compañeros espirituales (7:53) y preguntas (2:31)
Reunión de Junta Mensual (9:55)
Reuniones de ministros, mayordomos o testigos (6:20) Junta Anual - Fe y práctica (5:40)
Dando Testimonio del Espíritu Viviente (9:13)

Puede disfrutar viendo un video y discutiéndolo. Pero hablar de algo es muy diferente a experimentarlo. Así que recomiendo ver un video, tomarse el tiempo necesario para practicar y luego reflexionar sobre la experiencia de la práctica. Aprendemos de la experiencia y la reflexión, y luego compartimos nuestros conocimientos con los demás. Sin el Espíritu de hacerlo, uno nunca lo sabrá. Pero también debemos encontrar el lenguaje para hablar de ello, invitar a otros y transmitirlo a las generaciones futuras. La prueba final del discernimiento es el fruto que da. La medida final de este libro es la alegría que trae al crear comunidades y sociedades amorosas y conscientes.

Prefacio: Antecedentes de la práctica cuáquera

La práctica de los Cuáqueros surgió de un movimiento conocido como The Seekers *(Los buscadores)*, quienes se sentaban en silencio volviéndose hacia Dios, esperando y esperando revelación y guía. La primera estructura de los Cuáqueros fue continuar con esta forma de Reunión de Adoración, esperando mensajes para ellos mismos como individuos y como pueblo. Hoy, los Amigos pueden disfrutar de otras formas de adoración y celebración, pero continúan con esta práctica de buscar la guía divina directa y rendirse a ella.

La segunda estructura se trataba de los Compañeros Espirituales. Los primeros Amigos se prestaron atención unos a otros, solían sanarse e intercambiaron comentarios para crecer en nuestra vida espiritual. Ambos compañeros estaban comprometidos con el experimento espiritual en sus vidas. Reforzaron y atemperaron el ministerio de cada uno. De esta manera, el ministerio cuáquero creció.

Como los Cuáqueros seguían una Guía interna, necesitaban discernir la inspiración de los egos o la angustia. Otras sectas recurrieron a la jerarquía religiosa para el control. Pero un conocimiento formativo y único de los cuáqueros fue el rol de la comunidad para probar y registrar el discernimiento. En su experiencia, lo eterno era universal.

Así que la tercera estructura fue la Reunión de adoración Mensual local donde las personas testificaron sobre la revelación que guía su fe y práctica. La reunión probó su discernimiento al ver si los Amigos percibían la vida y el poder del Espíritu en su testimonio. De ser así, lo registraron con el nombre en el acta de la reunión. Si fuera cierto para todos, registraron un testimonio corporativo y lo compartieron con otras reuniones.

Sandra Cronk señaló que no debemos embarcarnos en la práctica cuáquera a la ligera. Si recurres a la Guía Interna, debes ceder, y negarte a producir plantas enfermizas. La experiencia de la Guía interna puede parecer mezquina o abrumadora porque la verdad generalmente no viene empaquetada a nuestro tamaño. La práctica de los Cuáqueros es ceder y permitir que la verdad nos cambie, sin importar si nos queda bien o nos conviene.

El individualismo contemporáneo tiene un efecto erosivo significativo en la práctica cuáquera, porque la práctica cuáquera es comunal. El individualismo disminuye la vitalidad de las comunidades cuáqueras.

Beth Collea describe: "La vacilación de compartir profundamente dentro de la reunión de adoración de uno, a menudo está codificada en nuestra cultura como Amigos, otra manifestación del individualismo. Es revitalizante para una reunión cuáquera que los Amigos superen suavemente este umbral limitante. ¡Podemos pensar en esto como 'retocar la reunión cuáquera' y traerla de vuelta a su trabajo principal (de amor y comunión)!" De Lecciones de reuniones prósperas, QREC (quakers4re. org)

Además, muchos factores interrumpen y obstruyen la práctica cuáquera:

- El aumento de la población y la movilidad perturban la comunidad.
- La velocidad interrumpe la capacidad de detenerse, escuchar, digerir y discernir.
- La toxicidad de la vida industrial, de alimentos y del agua nos agota.
- La privación del sueño nos intoxica y nos adormece.
- La informatización prolifera las relaciones indirectas, que oscurecen las fuentes de los males ecológicos y sociales, y sus remedios potenciales.

Estos factores debilitan la práctica cuáquera y disminuyen el vigor de nuestro trabajo y testimonio en el mundo. Los Cuáqueros ya no lideran en exponer la situación de explotación, la devastación ambiental o los ciclos opresivos de prejuicio y privilegio. Otros ya no recurren a los cuáqueros en busca de orientación social sobre cómo formar comunidades o sociedades queridas, especialmente en temas de seguridad, gobernabilidad, atención médica, educación, justicia y paz.

Hacer lo que es verdadero y amoroso en cada relación y cada momento frente a los desafíos puede conducir a la prosperidad o al sufrimiento. Independientemente del resultado, hacerlo libera y satisface el alma. Podemos mirar a nuestro perseguidor a los ojos con compasión. La carta de Jorge Fox a los ministros desde la prisión de Cornualles transmite esta naturaleza audaz de la práctica cuáquera. Recomendamos leer, incluso publicar, el texto completo de la famosa carta de George Fox a los ministros en 1656, que puede continuar desafiándonos hoy.

Descripción general de la práctica cuáquera

He experimentado el Espíritu Viviente…	…eso habla de mi condición.	Elijo ceder para dejar que moldee y guíe mi vida…	…probar el discernimiento y registrar el testimonio, la fe, la práctica, las interrogantes y los consejos en comunidad.
amando,	*sanando,*	*buscando,*	*encontrando, …*
I----------I	I----------I	I----------I	----------I
CONVENCIMIENTO	CONVICCIÓN	EXPERIMENTO	PUBLICACIÓN DE AMOR Y VERDAD
CMINISTRO	MAYORDOMO		TESTIGO
I----------I	I----------I	----------I	
Cuidando la vida interior.		*Cuidando la vida interior.*	
Escucha	Lamentacion	Diario	Estudio de las Escrituras
Soledad	Sanación y conexión a tierra	Experimento en la vida diaria	Reunión de junta mensual (para comentarios)
Culto de adoración	Compañeros espirituales	Pruebas de discernimiento	Libertad de conciencia
Celebración	Consejo y cuidado	Disponible y preparado	Registro: Actas, Fe y Práctica
			Testimonio, Consejos e Interrogantes,

Amigos,

Habiten en el poder de la vida y la sabiduría, y el temor del Señor Dios de la vida, y del cielo y la tierra; para que en la sabiduría de Dios sobre todo seáis guardados, y seáis terror para todos los adversarios de Dios, y pavor, respondiendo a la de Dios en todos ellos, difundiendo la Verdad, despertando el testimonio, confundiendo el engaño, saliendo de la transgresión a la vida, el pacto de luz y paz con Dios.

Que oigan todas las naciones la palabra ya sea de manera oral o escrita. No escatiméis el lugar, no escatiméis la lengua ni la pluma, sino sed obedientes al Señor Dios y andad por el mundo y sed valientes por la Verdad sobre la tierra; pisad y pisotead a todo lo que es contrario debajo.

Guárdense en la sabiduría de Dios que se derrama sobre toda la tierra, la sabiduría de la creación, que es pura. Vivanlo; esa es la palabra del Señor Dios para todos ustedes, no abusen de ella; y manténganlo abajo y de manera discreta; y cuídense de las alegrías falsas que cambiarán.

Lleven a todos a la adoración de Dios. Arar la tierra en barbecho... Y nadie es arado sino él que llega al principio de Dios en aquel que ha transgredido. Entonces hace servicio a Dios; entonces viene la plantación y el riego y el crecimiento de Dios. De modo que los ministros del Espíritu deben ministrar al Espíritu que ha sido transgredido y está en prisión, el cual ha estado en cautiverio en cada persona; por el cual, con el mismo Espíritu, los hombres deben ser sacados del cautiverio a Dios, el Padre de los espíritus, y servirle y tener unidad con él, con las Escrituras y entre sí. Y esta es la palabra del Señor Dios para todos vosotros, y un mandato para todos vosotros en la presencia del Dios vivo: sed modelos, sed ejemplos en todos los países, lugares, islas, naciones, dondequiera que vayan, que vuestro porte y vida puedan predicar entre toda clase de personas, y a ellas; entonces llegarás a andar alegremente por el mundo, respondiendo a eso de Dios en cada persona.

~ George Fox, 1656

Parte I

~

TRES ROLES CUÁQUEROS CLAVES

~

"Es cierto que en una reunión de culto de adoración de Amigos, la responsabilidad de la adoración y el ministerio recae sobre todos y cada uno de los miembros; pero también es cierto que los Amigos, al igual que otros, deben confiar un poco para su despertar en aquellos que están más en el espíritu y el poder de Dios que los demás".

~ N. Jean Toomer, 1894-1967

~

Capítulo 1

~

Ministro, mayordomo y testigo

Un enfoque que puede ayudarnos a encarnar la práctica cuáquera es considerar cómo llevar a cabo las tres funciones clave que asumimos como cuáqueros: ministro, mayordomo y testigo. La práctica cuáquera es comunal. Prestar atención a estas funciones clave entrelaza nuestro trabajo interno con nuestras relaciones en la comunidad. Los Cuáqueros establecieron el laicado, no el ministerio; cada uno de nosotros somos ministros. Cada uno de nosotros asumimos la responsabilidad del trabajo espiritual de la Sociedad Religiosa de los Amigos.

Un Amigo dijo una vez: "¡Pero la reunión de culto de adoración no debería ocupar toda mi vida!" Luego vi la realización en su rostro cuando dijo: "Oh", reconociendo que esa era exactamente la intención. Entregamos toda nuestra vida al Espíritu. Nos convertimos en un modelo que da testimonio de Dios manifestado en cada relación de la vida: cambiando, transformando, empoderándonos a nosotros y a nuestra amada comunidad. No es algo en lo que incursionamos, es una experiencia para todo el cuerpo, un compromiso que cambia la vida.

Como Cuáqueros, experimentamos el Espíritu en las relaciones directas entre las personas y con la naturaleza en la estructura de la vida.

Nuestras vidas espirituales crecen en relación con los demás y el mundo natural. La reunión de culto de adoración es más que las personas que asisten en un día en particular. Cada miembro tiene una experiencia única del Espíritu. Por lo tanto, cada uno de nosotros desempeña un papel único en la formación de quiénes somos como comunidad y puede ser la fuente de conocimiento que otros necesitan. La calidad de nuestro crecimiento en nuestros roles principales crece en relación con los demás y determina la calidad y madurez del cuerpo de la Junta Mensual. Como ministro, cuidamos nuestra vida interior.

Como mayordomos, cuidamos nuestra vida exterior para que refleje la vida interior. Y como testimonio, cuidamos nuestra vida pública para reflejar el Espíritu en la sociedad. Los cuáqueros abren su corazón, escuchan y buscan. Damos testimonio de lo que encontramos. Los cuáqueros son personalmente buscadores, halladores y sanadores. Algunos son sanadores por naturaleza, pero cada uno de nosotros necesita ser sanado para estar completo y bien. Estas son responsabilidades personales, no roles comunitarios.

Las personas son reconocidas como ancianos de la reunión cuáquera cuando otros recurren a ellas en busca de orientación y consejo debido a la profundidad de su práctica y atención a los demás. Algunas personas son reconocidas como Amigos públicos cuando otros ven que sus vidas y discursos reflejan la fe y la práctica de los cuáqueros con humildad y valentía. Algunas personas son reconocidas como dirigentes cuando otros recurren a ellos para articular el sentido auténtico de la reunión en asuntos de interés, debido a su capacidad para escuchar y captar el sentido de la reunión en palabras. Ser anciano, Amigo público o dirigente no es una identidad que se asume como ministro, mayordomo o testigo. Y tales posiciones no deben usarse para tener poder sobre la reunión cuáquera, sino poder para atraer a la reunión cuáquera a la vida del Espíritu y registrar y reflejar nuestro testimonio en el mundo.

El cuaquerismo no es una idea o noción que imaginamos que es verdad. Es una práctica en nosotros mismos y en una comunidad que nos humilla y nos cambia, que requiere tiempo, paciencia, constancia y apertura, incluso ante los desafíos. Nuestros roles o funciones como ministro, mayordomo y testigo nos cambian, nos atemperan, nos hacen humildes y nos liberan.

Ser ministro

Como ministros, atendemos nuestra vida interior. Cuidamos la vida interior en uno mismo, en los demás y en la comunidad, tanto en los tiempos fáciles, gloriosos y en los que todo está bien como en los tiempos difíciles y rotos de insuficiencia y fracaso.

Los ministros nos entregamos en nuestras propias vidas y experiencias espirituales a través de los dones de la soledad, la quietud y la oración contemplativa. Llevamos esto a nuestra vida cotidiana. Nos abrimos al Espíritu, buscamos revelación, celebramos la vida, ofrecemos gratitud, nos sanamos para volvernos completos y reintegramos las partes rotas de nosotros como personas y como comunidad.

Como ministros, experimentamos nuestra vida diaria en oración sin cesar. Estudiamos textos religiosos y aprendemos el lenguaje de la vida o paisaje interior, en palabras de Bill Taber. Los Cuáqueros se involucran en el cuidado y la moderación de los compañeros espirituales para crecer en nuestra comprensión y expresión espirituales. Llegamos a las reuniones de culto de adoración frescos y preparados, buscando guía genuinamente, esperando revelación espiritual y ofreciendo un ministerio vocal.

Luego ofrecemos apoyo espiritual, retroalimentación, hospitalidad, consejo y testimonio a los demás. Permitimos que otros vean nuestro ejemplo en la riqueza de nuestra humanidad plena. Los ministros modelan y alientan la vida espiritual y el compañerismo dentro de la comunidad reunida.

Ser mayordomo

Como mayordomos, cuidamos nuestra vida exterior. Los cuáqueros damos forma a nuestra vida exterior para reflejar la experiencia interior. Vivimos fielmente. Como ministros, confiamos en la experiencia mística y directa de lo Divino. Como mayordomos, buscamos la integridad cediendo a la guía espiritual. Los mayordomos se preocupan por la vida exterior, los medios de subsistencia y las necesidades temporales de nosotros mismos, nuestras familias, la comunidad, la sociedad y el mundo natural en el que vivimos. Reflejamos la experiencia interna en forma externa, poniendo nuestras vidas en orden para estar preparados y disponibles, si somos llamados.

Sometemos cada aspecto de nuestras vidas al examen espiritual. Los humanos pueden discernir. El discernimiento es la capacidad de comprender la naturaleza interna y la relación de las cosas, especialmente cuando son oscuras, lo que conduce a una percepción y un juicio agudos. Para desarrollarnos, debemos poner a prueba nuestro discernimiento. Las pruebas primarias son: un sentido del Espíritu; persistencia en el silencio; sencillez; una sensación de ser trivial o imposible y no voluntario o deseado; integridad en honestidad, autenticidad y consistencia; documentación en textos de otras comunidades espirituales; escritura o expresión; reflexión y retroalimentación de otros; y fruto del Espíritu: amor, gozo, paz, paciencia, bondad, generosidad, fidelidad, mansedumbre y templanza (Gálatas 5:22-23).

Tenga en cuenta que la palabra *mayordomo* reemplaza el término histórico, *supervisor*. En tiempos bíblicos, los supervisores manejaban las formas externas como objetos rituales y recolectaban limosnas para los pobres. Más tarde, el término se usó para aquellos que controlaban a los pueblos esclavizados, por lo que preferimos el término *mayordomo*.

Ser testigo

Como testigos, atendemos nuestra vida pública. El testimonio para los Cuáqueros toma varias formas. Nosotros:

- Dejemos que nuestras vidas hablen a través de los frutos de una vida fiel. Nos convertimos en ejemplos de Dios manifestado en forma humana que dan testimonio de los frutos del Espíritu: amor, gozo, paz, fortaleza, compasión, belleza, verdad, igualdad y libertad.
- Testificamos en nuestra comunidad de reuniones sobre la percepción y las direcciones de nuestro experimento espiritual. Sazonamos nuestro testimonio con compañeros espirituales, antes

de pedir a la reunión mensual su reflexión y retroalimentación. Esto abre nuestro experimento con la vida espiritual y la guía a otros.

- Estamos llamados a evaluar si algo es amoroso, verdadero, correcto y justo, porque otros han visto los resultados de nuestro discernimiento y nos encuentran testigos confiables y perspicaces.

- Testificamos en la comunidad y la sociedad en general del Espíritu en los asuntos humanos, de lo que es amoroso, verdadero y justo que es esencial para una sociedad religiosa. La práctica Cuáquera no es una práctica individual de iluminación, sino de formar una comunidad y una sociedad amadas.

- Documentamos en registros públicos cómo el Espíritu se manifiesta en una sociedad religiosa durante generaciones. Buscamos una sociedad amada en la que ordenemos toda relación con los demás y con el mundo natural de acuerdo con el Espíritu. Así ingresamos nuestras ideas y prácticas en el registro público, a través de la escritura, el arte, la canción, el plan de estudios, la ley y el registro judicial.

Tanto los sufrimientos no ganados como las ventajas de desarrollo de la práctica cuáquera conllevan obligaciones y oportunidades para testificar del Espíritu en nuestras comunidades y en la sociedad en general.

Capítulo 2

~

Actividades para explorar los roles de los cuáqueros

Este capítulo describe cómo organizar un intercambio de adoración, un grupo de compañeros espirituales o un estudio amistoso de fe y práctica para explorar los tres roles clave de los cuáqueros individualmente o como grupo.

Adoración compartida

Compartir en culto de adoración es un momento para escuchar a los demás y describir tus propias experiencias del Espíritu, cómo has cambiado y tu dirección espiritual. Este formato desarrolla experiencias y habilidades que enriquecen el ministerio vocal en la reunión de culto de adoración y el discernimiento en la reunión de junta mensual.

Baje la guardia y experimente la vida en su totalidad, más allá del miedo, y viva en tu sentido del movimiento del Espíritu interior, describiendo los matices. Describa cómo sientes el Espíritu dentro de algo o no. Note los obstáculos o obstáculos, las fortalezas internas para superarlos, y la libertad y alegría que viene con vivir de acuerdo con el amor y la conciencia. Desarrolle un lenguaje del paisaje interior y cómo refleja esa experiencia interna en forma externa.

Lea estas instrucciones en voz alta al comienzo de cada intercambio de adoración, incluso con participantes experimentados. Publique o distribuya tarjetas de instrucciones:

Adoración Compartida

Centrarse en el silencio.
Lean un tema, versículo o una interrogante.
Pregunte si está todo claro; aclarar según sea necesario.
Dé a todos la oportunidad de hablar, antes de volver a hablar.
Habla desde tu propia experiencia.
Deje silencio entre los oradores.
Sea abierto, enseñable y cambiado por lo que escucha.

Selecciona un tema o interrogante para anunciar antes de la reunión de culto de adoración. Si compartir la adoración es nuevo para el grupo, elige una pregunta general cómo, "¿Cómo experimentó el Espíritu Vivo?" o "¿Cómo vivo mi vida diaria como Amigo?" Si el grupo tiene más experiencia con adoración compartida, elige un tema o interrogante que sea importante para la reunión cuáquera en este momento.

Para explorar el crecimiento como ministro, mayordomo y testigo, lleva a cabo una sesión sobre los tres roles, o tres sesiones, una sobre cada rol. Interrogantes para una sesión de adoración compartida sobre los tres roles:

- ¿Cómo estás creciendo como ministro, mayordomo y testigo?
- ¿Cómo cuidas la vida interior, reflejas la vida interior en tu vida exterior y expresas la vida interior en tu vida pública?
- ¿Cómo compartes a través del ministerio vocal, el testimonio y el registro público?

Interrogantes para tres sesiones de Adoración Compartida para reflexionar sobre lo que significa cada uno de los roles para nosotros:

Ministro

- ¿Cómo estoy creciendo como ministro para cuidar la vida interior en mí mismo y en los demás?
- ¿Cómo comparto revelación a través del ministerio vocal?

Mayordomo

- ¿Cómo estoy creciendo como mayordomo para reflejar mi experiencia interna del Espíritu en las formas externas de mi vida y comunidad?
- ¿Cómo comparto la dirección espiritual a través del testimonio en mi reunión de junta mensual?

Testigo

- ¿Cómo estoy creciendo como testigo para articular nuestras percepciones y prácticas en nuestra Fe y Práctica o a través del testimonio público o el registro público?

Consultas para tres sesiones de Adoración compartida para enfocarse en el trabajo central de cada uno de los tres roles:

- *Revelación continua.* Pregunte: ¿Qué está revelando Dios a través de mí, para mí? ...para nosotros como pueblo? ...para la sociedad en general? ¿Llevo un diario espiritual? ¿Llevo mi testimonio a mis compañeros espirituales en Cristo y a mi reunión mensual? ¿Comparto, pruebo, registro y publico la revelación continua tal como me ha sido revelada? Programe esta Adoración compartida cada 4-6 meses o anualmente en la reunión cuáquera.
- *Vida diaria como Amigo.* Indique el tema como compartir sobre la vida diaria como Amigo de manera simple pero lleno de bendición. También puede preguntar: ¿Cómo estás experimentando con el Espíritu en tu vida? ¿Qué necesitas tener o dejar de lado para mantenerte consciente del Espíritu? ¿Tu vida y tu casa están en orden? ¿Estás disponible y preparado para responder, si lo llaman?
- *Dando testimonio.* Pregunte, ¿Cómo doy testimonio del Espíritu Viviente en mi vida pública y privada? ¿Cómo soy un terror para

los adversarios de Dios? ¿Cómo hago justicia, amo la misericordia y camino humildemente con mi Dios? ¿Cómo pienso y actúo desde la fe en lugar de una crisis de fe? Programe esta Adoración compartida cada 4-6 meses o anualmente en la reunión cuáquera.

Grupos de compañeros espirituales

Organice una sola sesión de *compañeros espirituales* de grupos de tres para considerar los roles o funciones de los cuáqueros. Preste atención a cada persona durante 10 minutos completos sobre el tema: "¿Cómo estoy creciendo en mi rol como ministro, mayordomo y/o testigo?"

La persona de enfoque puede reflexionar en silencio, puede descargar emociones o puede compartir puntos de vista. Luego dé 5 minutos para que los oyentes reflejen declaraciones clave en las palabras del orador. Pida a los grupos que cambien las personas de enfoque a tiempo.

Parte de la práctica es equilibrar el dar y recibir de atención a todos. Pedir atención excesiva o renunciar a la atención son ambas formas comunes de recrear el trauma o los patrones de opresión, así que por favor cambien a tiempo. Después de 45 minutos, regresen con todo el grupo. Tómense tres minutos para escribir las implicaciones para su vida en su diario. Luego tómense 10 minutos para compartir en pareja (no con uno de sus compañeros anteriores) lo que aprendió al hacer esto. Cierren con 10 minutos, en todo el grupo, para compartir las implicaciones para nosotros como pueblo. Este es un formato simple de grupo pequeño. Los compañeros espirituales son una estructura cuáquera esencial y se describen con más detalle en esa sección a continuación.

Mantenga un registro o diario

Mantén un diario personal para hacer seguimiento a tu experiencia con el Espíritu en tu vida. "Pide y se te dará; busca y encontrarás; llama y la puerta se te abrirá". (Mateo 7:7; Lucas 11:9.) Los Amigos piden, buscan y llaman, y documentamos lo que se nos da, lo que encontramos y cómo se nos abre el camino en un diario o registro, lo cual examinamos con los compañeros y para luego traer declaraciones sólidas de fe y práctica a la comunidad. En un diario, tomen notas sobre:

- Revelación, intuiciones y prácticas.
- Testimonios afirmados por compañeros.
- Mensajes para nosotros como pueblo.

Experimente con el Espíritu en la vida diaria y lleve un registro de sus prácticas, revelaciones y cambios:

- *Detente...* en cuerpo, mente, tensión, angustia, y ábrete al Espíritu.
- *Busca...* con compañeros ocuparse de las emociones, interrogantes y percepciones.
- *Celebra y se agradecido...* celebre el regalo de la vida que nos es dada gratuitamente
- *Se cambiado...* uno mismo, experimenta dejando que el Espíritu guíe y moldee tu vida.
- *Sana...* descarga emociones, reprocesa recuerdos, integra el yo central y cuídate.
- *Testifica...* en comunidad, reflexiona sobre lo que se dijo, ofrezca comentarios sobre si tu puedes sentir el poder del Espíritu en ello, y registra ideas y prácticas.
- *De testimonio...* aplica la fe y la práctica en toda la vida y la sociedad, y luego documenta para otras culturas y generaciones futuras.

Debes esperar tener privacidad y no pedir o que te pidan que compartas tu diario con otros. Al mismo tiempo, es posible que desees compartir extractos o partes de tu diario con tu grupo o reunión de compañeros, o incluso publicar partes de ello, pero eso debe depender completamente de ti, no a pedido de otros.

Escriba diarios libres, tomándose 10 minutos para enumerar las principales experiencias, percepciones o prácticas que formaron tu vida espiritual, o te formaron como ministro, mayordomo o testigo. Luego escribe de 250 a 500 palabras en cada uno de ellos. Publíquelos y compártalos informalmente en su reunión cuáquera. Lean diarios históricos de Amigos y discútanlos como un club de lectura.

Estudio amistoso de fe y práctica

Para los seres humanos, el aprendizaje a menudo anula la intuición. Aprendemos a caminar, mientras que la mayoría de los animales caminan instintivamente en unos pocos minutos u horas. Nuestro intelecto único ofrece muchos dones, pero a menudo también requiere estudio cuando deseamos que "simplemente suceda".

Usamos las interrogantes del Estudio amistoso de Fe y Práctica para estudiar textos religiosos o un libro de Fe y Práctica de la junta anual. Lo adapté ligeramente las interrogantes de Spears & Spears (1997):

Estudio amistoso de Fe y Práctica
¿Cuáles son los puntos principales en este pasaje?
¿Qué nueva luz encuentro en esta lectura en particular?
¿Cómo es este pasaje fiel a mi experiencia o a nuestra experiencia?
¿Qué problemas tengo con este texto?
¿Cuáles son las implicaciones para mi vida y para nosotros como pueblo?

Podemos utilizar estas interrogantes para estudiar nuestra propia Fe y Práctica o la de cualquier otra Junta Anual. Personalmente me gusta el libro de Fe y Práctica de la Junta Anual de Gran Bretaña. Selecciona un texto de enfoque para anunciar antes de la reunión cuáquera. Revisa las preguntas, luego lea la introducción en voz alta. Siéntense en silencio y hablen desde el silencio. Pide a las personas que asuman la responsabilidad de compartir el tiempo por igual. Sentados en círculo hable cada uno brevemente sobre cada interrogante, o de una vez hable cada uno de cualquiera o de todas las interrogantes, una persona a la vez. Calcula el tiempo que tienen, dejando tiempo (generalmente de 15 a 20 minutos) para reflexionar sobre cómo se sintió al hacer la práctica y para dar al final cualquier comentario al facilitador.

Reúnan copias de Fe y Práctica de sus juntas anuales. Lean citas y consejos para ministros, mayordomos (anteriormente supervisores) y testigos. Usen las interrogantes del Estudio amistoso de Fe y Práctica para guiar la reflexión y la conversación. Por todo el círculo del grupo realiza cada pregunta, escucha a cada persona, luego invita si hay comentarios finales antes de continuar con la siguiente pregunta. Informe sobre la experiencia al final. ¿Qué notaste? ¿Qué aprendiste? ¿Qué te gustó o no te gustó? ¿Alguna sugerencia para la próxima vez?

Reúne copias de muchos otros libros de Fe y Prácticas de la Junta Anual. Pide a cada persona que investigue los tres roles cuáqueros en los diferentes libros de Fe y Prácticas de las Juntas Anuales. Tenga en cuenta las similitudes y diferencias y descubra detalles e ideas adicionales. Traiga testimonio a su Junta Mensual sobre percepciones o prácticas críticas para cada rol que faltan o deben eliminarse de la guía de su propio libro de Fe y Práctica para su comunidad.

Parte II

~

EL ESPÍRITU EN NUESTRAS VIDAS

~

*Espero pasar por este mundo solo una vez; por lo tanto,
cualquier cosa buena que pueda hacer, o cualquier bondad
que pueda mostrar a cualquier prójimo, déjame hacerlo
ahora; no permitas que lo postergue ni lo descuide, porque
no volveré a pasar por este camino.*
~ Stephen Grellet, Quaker c. 1800

~

Capítulo 3

~

Experiencias del Espíritu Viviente

Los Cuáqueros experimentan el Espíritu Viviente y por eso esta-
mos convencidos, y celebramos la belleza y el valor de la vida por
el puro gozo de ella.

Convencimiento

Como cuáqueros, nos hemos encontrado con el Espíritu; es irrefutable
y convincente. Cómo sería si te conociera. Si alguien me dijera que no
existes, no importaría. Estaría convencido, porque te había conocido y
sabía que existías. Y así es cuando experimentamos el Espíritu Viviente.
Nuestra práctica es notar la vitalidad del Espíritu Viviente de nuevo en
cada momento y vivir en el gozo de estar vivos. Fuimos llamados a ser
Hijos de Dios. Necesitamos que nuestra 'mente de niño' se deleite en cada
parte del día desde la mañana hasta la noche.

Margaret Fell (1652) describe su momento de convencimiento: "clame
en mi espíritu al Señor: 'Todos somos ladrones, todos somos ladrones,
hemos tomado las Escrituras solo en palabras y no sabemos nada de ellas

en nosotros mismos'... Vi que era la verdad, y no pude negarlo; e hice como dice el apóstol, 'recibí la verdad en el amor de ella'. Y me fue abierto tan claramente que nunca tuve una tilde en mi corazón en contra de él; pero rogué al Señor que me guardara en ella, y luego no deseé mayor porción."

Los Cuáqueros experimentan esa esencia de la vida que George Fox (1657) llamó lo eterno, "lo que era antes de que el mundo fuese formado". Las experiencias del Espíritu Viviente pueden venir como momentos especiales en la cima de la montaña, gloriosos o de que todo está bien. Pueden presentarse como momentos significativos de comprensión o dolor. Y también pueden venir cuando nos deleitamos con la brisa ordinaria, el sol, las estrellas, las flores, las sonrisas amables o el asombro diario de estar vivos. Podemos notar nuestra respiración y los latidos del corazón y preguntarnos acerca del origen de ello. La vida es valiosa. Estoy vivo. Soy valioso Nada de lo que pueda yo decir o hacer puede hacerme más valiosa de lo que soy ahora. Hemos llegado. Así es la vida, esto es suficiente. A. Barratt Brown (1932) describe esto muy bien: "Es una afirmación audaz y colosal la que presentamos: que toda la vida es sacramental, que hay innumerables 'medios de gracia' por los cuales Dios se revela y se comunica. por medio de la naturaleza, la comunión humana y por medio de mil cosas que pueden llegar a ser el 'signo exterior y visible' de 'una gracia interior y espiritual'".

Tal conciencia, sin poseer, nos ablanda y nos abre el alma. De hecho, nos llamamos Amigos porque experimentamos esta ternura interior. Jesús dijo ya no os llamaré siervos, os llamaré amigos si hacéis lo que yo os mando, y es que os améis los unos a los otros (Juan 15). El amor es sentir un tierno afecto y un sentido de la preciosidad de otro, mientras que es libre de despedirse sin mal juicio o retribución. La vida viene y va, esa es su naturaleza. Déjate llevar, no te aferres y celebra la vida de nuevo cada día.

Como la Sociedad Religiosa de Amigos, dirigimos nuestra atención a amar a toda vida: a nosotros mismos, a los demás y al mundo natural. Estar vivo se convierte en hacer oraciones sin cesar, permanecer relajado y sin ansiedad en este tiempo actual y lugar, y en notar el movimiento creativo, sanador y regenerador del Espíritu Vivo. Nuestra percepción de esa Fuente divina misteriosa y creativa de toda Vida en toda vida nos convence.

Nota: En esta idea cuáquera original, la segunda venida no se refería a otro individuo. Se refería a "la resurrección de Cristo en el interior" que hace surgir lo bueno, lo verdadero y lo amoroso, e ilumina lo cruel, lo falso y la falta de amor dentro de nosotros mismos, de los demás y de nuestras sociedades. Cada persona es un Hijo de Dios con una experiencia directa del Espíritu Viviente.Debemos esforzarnos por ser nuestra parte perfecta y auténtica del todo perfecto y divino. Muchos fueron encarcelados por blasfemia cuando los Amigos explicaron su compromiso con la resurrección de Cristo dentro de ellos mismos y en cada uno de nosotros.

Los Cuáqueros experimentan el Espíritu Vivo que habla de nuestra condición humana. Cuando nos encontramos con el Espíritu en momentos en que nos sentimos con un corazón humilde y quebrantados, encontramos convicción.

Convicción

La palabra convicción proviene de 'convicto'. Cuando nos quedamos cortos, fallamos, cometemos errores, nos sentimos incapaces o nos convertimos en culpables, experimentamos el Espíritu de una manera completamente nueva más allá de nuestros propios egos. Muchas tradiciones ven los errores o fracasos como las grietas a través de las cuales Dios entra. Los errores nos permiten aprender. Las debilidades nos permiten necesitar a los demás en formas genuinas que crean comunidad. Los fracasos nos permiten experimentar el amor y la gracia inequívoca e incondicional de la Vida que es Jesucristo. Sin un sentido del Espíritu en tiempos difíciles, experimentamos los fracasos como una humillación que hiere nuestro ego y conduce a la violencia, la retribución y la venganza. Pero con un sentido del Espíritu en tiempos difíciles, encontramos humildad, compasión y convicción. Esta es una experiencia del Espíritu muy diferente que en los tiempos gloriosos o en los que todo está bien.

Algunas deficiencias surgen de heridas que pueden convertirse en patrones de angustia y necesidades congeladas que llevan a revivir o recrear nuestro dolor no resuelto y nuestras necesidades no satisfechas. Hoy comprendemos mejor cómo estos efectos del trauma pueden conducir a ciclos de violencia, codicia, control, envidia, egoísmo, idolatría, odio, lucha, seducción o adicción. El trauma surge cuando sentimos que nuestras necesidades superan nuestros recursos. Nos sentimos abrumados y paralizados, especialmente cuando nos sentimos atrapados solos. Cuando podemos experimentar al Espíritu en estos momentos, sentimos el recurso infinito del Espíritu. Somos mucho menos propensos a sentirnos abrumados y solos, y por lo tanto menos propensos a experimentar traumas. Esta plena conciencia del Espíritu nos cura y nos hace resistentes al trauma. La atención de los compañeros espirituales contradice el aislamiento, y así nos sana. Y tomar medidas para expresar nuestra experiencia interna en forma externa evita que nos quedemos paralizados y, por lo tanto, nos ayuda a volvernos resistentes al trauma.

John Woolman (1763) habla del poder sanador del amor universal y de nuestra parte en la disminución de las angustias de los demás: "Nuestro misericordioso Creador cuida y provee para todas sus criaturas. Sus tiernas misericordias están sobre todas sus obras; y en la medida en que su amor influya en nuestras mentes, en la medida en que nos interesemos en su hechura y sintamos el deseo de aprovechar cada oportunidad para disminuir las angustias de los afligidos y aumentar la felicidad de la creación. Aquí tenemos la perspectiva de un interés común de lo cual el nuestro es inseparable, convirtiendo todos los tesoros que poseemos al servicio del amor universal que llega a ser el asunto de nuestras vidas…"

Otras carencias surgen cuando sufrimos o nos sentimos perdidos, sin amor, con miedo, maltratados, abandonados o abusados, a cualquier edad, pero especialmente cuando éramos jóvenes. Para ser sanados, tenemos que estar listos para sanar. Es posible que no estemos listos para renunciar a nuestro dolor, sanar o perdonarnos a nosotros mismos o a los demás. Pero cuando estamos listos, a menudo no podemos hacerlo solos. Necesitamos el apoyo de los demás y el poder y la gracia sanadora del Espíritu.

La práctica cuáquera no es una fórmula. Nos abrimos al Poder Interior muy real y palpable de la vida misma: para crear, amar, sanar, nutrir y transformar. Vive en el poder del Espíritu Viviente. Aprende de los errores. Ofrece fortalezas. Muestre compasión y misericordia, mientras defiendes la justicia ecológica y social. Robert Barclay (1648–1690) describe una comunidad cuáquera madura: "Porque, cuando entré en las asambleas silenciosas del pueblo de Dios, sentí un poder secreto entre ellos que tocó mi corazón; y al ceder a él comprendí que el mal se debilitaba en mí y el bien surgia; y así me volví así entretejido y unido a ellos, anhelando cada vez más el aumento de este poder y vida…".

La práctica Cuáquera no es un conjunto de creencias o valores. Es una práctica que crece a partir de la experiencia directa de experimentar con el Espíritu obrando en nuestras vidas. Es irónico que a través de los fracasos, los errores y el dolor junto con los momentos gloriosos y cuando todo está bien, el Espíritu pueda sanarnos. Entonces vemos la vida como algo hermoso, alegre y edificante, y nos convertimos en personas alegres, enérgicas y amorosas.

Capítulo 4

~

Actividades para experimentar el Espíritu Viviente

Este capítulo describe actividades para desarrollar nuestro sentido de confianza y convicción en la presencia del Espíritu Vivo en nuestras vidas: dibujar nuestro ser central, llevar un diario, grupos de compañeros y la adoración compartida con interrogantes relevantes.

Dibujando tu ser interior

Reúne papel blanco normal y pasteles al óleo o crayones. Pídeles a todos que se relajen y recuerden un momento en el que se sentistieron totalmente ellos mismos –vivo y comprometido, curioso, compasivo, creativo y conectado. Note el sentimiento en tu ser interior o del Espíritu Vivo en ti. Si alguien dice que nunca lo sintió, invítale a imaginar cómo se sentiría si lo tuviera esa experiencia. Dibuja el sentimiento. Comienza con tu mano no dominante e intercambia de manos mientras dibujas. Dibuja los colores, los movimientos, las texturas del sentimiento, no 'una imagen'.

Cuando termines, escribe tu nombre y tres palabras en tu dibujo, cualquier palabra en cualquier lugar que desees hacerlo. Invite a cada persona a leer su nombre y las tres palabras y luego pegue sus dibujos en la pared, uno al lado del otro. Esto nos representa a cada uno de nosotros, pero también a nosotros como comunidad. Este es el lugar de la Luz Interior, el lugar desde el cual pensamos, tomamos decisiones y actuamos. Cuando surja tensión o angustia, pida a los demás que se detengan, descarguen la emoción y consideren cómo volver a nuestro ser interior antes de continuar. Publicar y señalar los dibujos a menudo ayuda. Si deja los dibujos en la casa de reunión cuáquera, cualquiera puede agregar o cambiar su dibujo en cualquier momento.

Reflexionar acerca del convencimiento

Reunanse durante dos horas. Puede planificarlo de 1,5 a 2,5 horas. Distribuye y/o pública las interrogantes para la sesión:

- ¿Cómo experimentó el Espíritu Vivo?
- ¿Cómo esta Gracia Interior me ablanda? ¿Puedo notar cuando estoy rígido y blando en mi cuerpo, mente, pensamientos, sentimientos, alma y espíritu?
- ¿Cómo dejo que el amor habite en mí, se convierta en amor y me sienta amado y ame hacia los demás y la naturaleza?
- ¿Qué necesito traer a mi vida o dejar de lado para sentir la totalidad sacramental de la vida en cada momento?

Invite al grupo a abordar estas mismas interrogantes de tres maneras:

- *Redacción de diarios a solas.* Para ello pongan el tiempo entre 15 y 30 minutos; a menudo usamos 20 minutos.
- *Grupos de compañeros* durante 45 minutos. Rote la atención con dos personas de 20 minutos para cada uno, tres personas de 13 minutos para cada uno o cuatro personas de 10 minutos para cada uno.
- *Adoración Compartida* con todo el grupo. Para ello pongan el tiempo entre 30 y 75 minutos; a menudo usamos 40 o más minutos.

Grupos de compañeros en la convicción

Reúnanse durante 45 minutos en grupos de dos a cuatro personas: dos personas 20 minutos para cada uno; tres personas 12 minutos para cada uno; o cuatro personas 10 minutos para cada uno. Busca claridad y revelación para ti mismo sobre la interrogante. No trates de explicarlo o describirlo a los demás hasta que tengas claro dentro de tí mismo: ¿Cómo experimentó el Espíritu Vivo cuando me quedo corto, fallo, cometo errores, me siento inadecuado o me convierto en el perpetrador? Vuelvan a todo el grupo para reflexionar después: ¿Qué notaron? ¿Cómo se sintieron? ¿Qué aprendieron? ¿Profundizó su sentimiento de convicción en la presencia y el poder del Espíritu Vivo?

Reflexionar acerca de la convicción

Reúnanse durante dos horas. Pueden planificar de 1,5 a 2,5 horas. Distribuye y/o pública las interrogantes para la sesión:

- ¿Cómo habla el Espíritu Vivo a mi condición humana? ¿Comparto mi verdadera condición y experiencias con otros Amigos?
- ¿Qué debilidad podría reconocer en mí mismo y pedir ayuda a los demás por ello?
- ¿Cómo sufro? ¿Estoy listo para dejar ir y sanar? ¿A quién puedo pedir ayuda?
- ¿Puedo valorarme cuando fracaso, me vuelvo dependiente de los demás o cometo errores? ¿Me doy cuenta de que en realidad no valoro la vida de los demás que sufren, si no puedo valorarme a mí mismo cuando sufro? ¿Puedo renunciar a mi miedo o al terror que siento al fallar, volverme dependiente de otros o al cometer errores?
- ¿Mi estilo de vida me aleja de lo degenerativo y me lleva a una vida buena y completa?

Invite al grupo a abordar estas mismas interrogantes de tres maneras:

- *Redacción de diarios a solas.* Para ello ponga el tiempo entre 15 y 30 minutos; a menudo usamos 20 minutos.
- *Grupos de compañeros* durante 45 minutos. Rote la atención con dos personas de 20 minutos por cada uno, tres personas de 12 minutos por cada uno o cuatro personas de 10 minutos por cada uno.
- *Adoración compartida* con todo el grupo. Para ello ponga el tiempo en cualquier lugar entre 30 y 75 minutos; a menudo usamos 40 o más minutos.

~

Es una afirmación valiente y colosal la que presentamos
–que toda vida es sacramental, que hay innumerables
'medios de gracia' por los cuales Dios se manifiesta y
se comunica –a través de la naturaleza y a través de la
comunión humana y a través de mil cosas que pueden
convertirse en la 'señal exterior y visible' de 'una gracia
interior y espiritual'.

~ A. Barratt Brown, 1932

~

Capítulo 5

~

Experimentando el Espíritu Viviente

Los Cuáqueros experimentamos el Espíritu Viviente que habla a nuestra condición humana, y nos entregamos al Espíritu para que transforme y guíe nuestras vidas.

Conversión de maneras

La famosa apertura espiritual de George Fox consistía en que tenemos una relación directa con el Espíritu Vivo. Escribió (1647), "Sí, cuando Dios obra, ¿quién (lo puede impedirle)? Y esto lo supe experimentalmente". Los Cuáqueros llegan a conocer al Espíritu a través de la experimentación en nuestras vidas, como la experiencia directa. A medida que cambiamos, notamos lo que necesitamos tener o dejar de lado para permanecer conscientes del Espíritu Vivo en cada momento y en todo. Entonces reflejamos nuestra experiencia interna de forma externa. Esto pone nuestras vidas en orden de maneras que estemos disponibles y preparados, si somos llamados o cuando se nos llame.

En 1841, a los 21 años, Caroline Fox escribió en su diario: "Vive a la altura de la luz que tienes, y se te otorgará más". Esto resulta ser cierto. El amor y la conciencia no brotan completamente formados, crecen a medida que se les presta atención. Uno de los saludos principales fue: "¿Cómo está prosperando la verdad en tus roles?" Me gusta preguntar, "¿Cómo están prosperando el amor y la verdad en tus roles?" Para hacer esto, usamos nuestro mejor discernimiento. El discernimiento es nuestra capacidad humana para comprender la naturaleza interna y las relaciones de las cosas, especialmente cuando son oscuras, lo que nos lleva a una percepción y un juicio agudos. La práctica cuáquera no es una fe ciega. Ponemos a prueba nuestro discernimiento:

Pruebas del discernimiento

- Sintiendo al Espíritu, el poder transformador de la vida, fluyendo dentro de nosotros.
- Persistencia en el silencio, la quietud y el aislamiento.
- Simplicidad, aparentemente insignificante o imposible, no voluntaria o deseada.
- Integridad: honestidad, autenticidad y coherencia.
- Articulación en la escritura de diarios personales y de los compañeros.
- Reflexión y retroalimentación de los compañeros.
- Hacer registro en reuniones comunitarias, regionales y sociales.
- Documentado en los textos de otras comunidades de conciencia.
- Expresado en la escritura, el arte, las noticias, los tribunales y la ley.
- Experiencia de los frutos espirituales: amor, alegría, paz, fuerza, compasión, belleza, verdad, igualdad y libertad.

William Penn comentó sobre los primeros Amigos: "Ellos mismos fueron hombres cambiados antes de cambiar a otros. Sus corazones se desgarraron al igual que sus vestiduras, y conocían el poder y la obra de Dios en ellos... Y así como recibieron libremente lo que tenían que decir del Señor, libremente lo administraron a otros. La inclinación y el énfasis de su ministerio era la conversión a Dios, la regeneración y la santidad..." (Junta Anual de Gran Bretaña Fe y Práctica 19.48)

En las formas de conversión, ¿cómo distinguimos entre angustia e inspiración? La angustia no puede detenerse y no responde a la retroalimentación externa, por otro lado la inspiración puede detenerse y se deleita con la retroalimentación externa. Entonces, nuestras pruebas principales son: 1) la capacidad de detenerse, por lo tanto, el silencio en la Reunión cuáquera para Adoración, y 2) la capacidad de aceptar comentarios externos, por lo tanto, el testimonio en la Reunión de la junta mensual. Nos detenemos y escuchamos claramente de dónde provienen las palabras y las acciones, e intercambiamos comentarios, hablando claramente de nuestra verdad en amor y sin miedo. De esta manera, cada Amigo es cambiado. Como dijo Isaac Pennington: "Porque esta es la verdadera base del amor y la unidad, no que tal hombre camine y haga lo mismo que yo, sino que siento el mismo Espíritu y la misma vida que en él".

Todos los testimonios de Amigos reflejan un testimonio central: ceder al Espíritu para que moldee y guíe nuestras vidas. Registramos las percepciones en nuestros diarios y las probamos con nuestros compañeros y en nuestras reuniones mensuales locales.

Las reuniones mensuales locales afirman el testimonio o las percepciones sobre la fe y la práctica. Los llevan a reuniones regionales o anuales para probarlos con otras reuniones de Amigos. Registran lo que afirman, y este registro luego informa a los individuos. Cuando la salida se convierte en entrada, crea ciclos regenerativos, un organismo vivo, una experiencia viva del Espíritu en nuestras vidas.

Nota: Recurrimos a nuestra capacidad para amar, para sentir un tierno afecto hacia a la otra persona y un sentido de la preciosidad de otra persona o un elemento de la naturaleza. Pero el amor debe reconocer la desgarradora realidad de ser libre de irse sin malos juicios ni represalias – la vida es infinita, eterna, pero transitoria.

También recurrimos a nuestra capacidad de conciencia, un conocimiento interno de lo bueno y lo malo con un impulso interno para hacer lo correcto o regenerativo. Pero la conciencia debe reconocer la perturbadora realidad de lo difícil que nos resulta distinguir entre inspiración y herida/daño.

El amor y la conciencia van de la mano. Como señaló John Woolman (1763), "el amor universal se convierte en el asunto de nuestras vidas…". También dijo: "El amor fue el primero en moverse, y luego surgió una preocupación…". Cada vez que el decir la verdad se siente duro, esto suaviza y alinéa con el latido amoroso de lo que es verdad.

... sea un terror para todos los adversarios de Dios, y un asombro, respondiendo a lo de Dios en todos ellos, difundiendo la Verdad...

~ George Fox (1647)

Capítulo 6

~

Actividades para experimentar con el Espíritu Viviente

Este capítulo describe una manera de formar *Grupos de Compañeros Espirituales* continuamente, los cuales apoyan el experimento continuo con el Espíritu en tu vida. Este experimento se ve tan diferente en la vida de cada persona, que obtenemos una visión mucho más rica de la obra del Espíritu en nuestras vidas cuando también lo presenciamos en la vida de los demás. También describe una manera de reflexionar sobre nuestra propia transformación personal. No olvides las prácticas esenciales de los Cuáqueros de la adoración compartida, de llevar un registro o diario y las interrogantes de estudio amistosos de Práctica y Fe. También puedes usar cualquiera de estos como actividades.

Formando grupos de compañeros espirituales continuamente

Puede formar grupos continuos de personas comprometidas a experimentar el Espíritu Viviente que habla a nuestra condición humana y le permite moldear y guiar nuestras vidas. Cede al empujoncito del amor y la verdad dentro de ti. Reflexiona, piensa y actúa. Entonces celebra sus alegrías y frutos. La experiencia de hacer esto difiere completamente de pensar en hacerlo.

Grupos de compañeros espirituales

- *Reúnanse* cada 1 a 3 semanas con 2 a 4 personas comprometidas a experimentar con el Espíritu en la vida diaria.
- *Mantenga un registro* de su experimento, de las pruebas de discernimiento y de los comentarios.
- *Escuche* de dónde vienen las palabras, permanezca relajado y sin ansiedad en el Espíritu dentro de ti, y recuerde la bondad y las capacidades del Espíritu en los demás.
- *Reciba* la atención de los demás a su vez: siéntese en silencio, escuche interiormente, descargue la emoción y/o hable sobre su experiencia espiritual, experimento o sobre una interrogante o tema.
- *Pida* a sus compañeros que reflejen en sus palabras lo que escucharon y/o que ofrezcan comentarios sobre la orientación que ha encontrado.
- *Documente* lo que se afirma como verdadero para ti, y lo que se afirma para los demás o para todos.

Preguntas del Grupo de Compañeros Espirituales

- ¿Cómo experimentó el Espíritu Vivo en tiempos fáciles y difíciles?
- ¿Qué necesito tener o dejar ir para estar consciente del Espíritu en cada momento?
- ¿Qué angustias necesito notar, aprender de y descargarlo?
- ¿Qué direcciones ha llegado para mí o para nosotros como cultura?
- ¿Cómo el amor y la conciencia moldean y guían mi vida?
- ¿Qué me ha revelado el Espíritu Viviente?
- ¿Cómo puedo usar lo que necesito y compartir el resto?
- ¿En quién confío? ¿Quién confía en mí? ¿Cómo pido u ofrezco ayuda?
- ¿Con quién debo resolver las disputas?

- ¿Qué frutos ha dado este experimento en mi vida privada y pública?

Al finalizar el tiempo de una persona, invítalos a estar en silencio, observa qué la guía está obrando en ellos y luego escuchalos. Si la persona encuentra la guía, puede expresarlo brevemente y pedir a los demás que reflexionen sobre lo que escucharon. A veces eso suscita una nueva reflexión interior y trabajo. Si la guía se mantiene estable, pueden reafirmar y pedirles a los compañeros que ofrezcan comentarios. Los compañeros ofrecen retroalimentación sobre una cosa: si el oyente siente la vida y el poder del Espíritu en el hablante. No importa si te gusta, o si estás de acuerdo o si incluso lo entiendes. La pregunta es si sientes el Espíritu en ello. Documente los comentarios de los compañeros como información, no como juicio.

Reflexionar sobre la Transformación Personal

Reúnanse durante dos horas. Pueden planificar de 1,5 a 2,5 horas. Distribuya y/o publique las interrogantes para la sesión:

- ¿Qué necesito tener o dejar de lado para estar consciente del Espíritu y poner mi vida en orden para estar disponible si me llaman?
- ¿Cómo el Espíritu está moldeando y guiando mi vida, en formas pequeñas y grandes?
- ¿Cómo prosperan el amor y la verdad en mi vida?

Invite al grupo a abordar estas mismas interrogantes de tres maneras:

- *Redacción de diarios individualmente.* Pongan el tiempo entre 15 y 30 minutos; a menudo usamos 20 minutos.
- *Grupos de compañeros* espirituales durante 45 minutos. Roten la atención con dos personas de 20 minutos por cada uno, tres personas de 12 minutos por cada uno, o cuatro personas de 10 minutos por cada uno.
- *Adoración Compartida* con todo el grupo. Pongan el tiempo de entre 30 y 75 minutos; a menudo usamos 40 o más minutos

En cada parte de la sesión –escribiendo el diario, grupos de compañeros espirituales y la adoración compartida– aborda las mismas interrogantes.

～

Tener miedo es comportarse como si
la verdad no fuera verdad...
Bayard Rustin, 1963

No podemos permanecer honestos a menos que nos
opongamos a la injusticia dondequiera que esto ocurra,
en primer lugar en nosotros mismos.
Bayard Rustin, 1948

～

Parte III

~

SOCIEDAD RELIGIOSA

La opresión en extremo parece terrible: pero la opresión en apariencias más mejoradas sigue siendo opresión; y donde se aprecia el grado más pequeño de ella, crece más fuerte y más extensa.

Trabajar por una redención perfecta de este espíritu de opresión es el gran asunto de toda la familia de Cristo Jesús en este mundo.

John Woolman, 1763

Capítulo7

~

Estructuras cuáqueras esenciales

"...resuelvan el asunto rápidamente y manténgase alejado de debates y discusiones largas; y con el Espíritu de Dios mantened bajo control todo aquello que se deja llevar por las cuestiones y contiendas de palabras... pero, como dicen los apóstoles, sean prontos para oír y tardos para hablar; y que sea en la gracia que sazona todas las palabras." ~ George Fox a la Junta Mensual de las Seis Semanas en Londres, Kingston-upon-Thames, 1690..

Una ecología de práctica

La práctica de los Cuáqueros es mística, pero no es libertinaje, fanática o un llamado a la fe ciega. Es nuestra experiencia directa del y el experimentar con el Espíritu en nuestras vidas.

El Espíritu transforma a los individuos. Las personas dan testimonio de sus percepciones y transformaciones en la Junta Mensual, donde otras personas afirman su mejor sentir de lo que suena verdadero. Todos aprenden del testimonio de los demás. A veces nos damos cuenta de que el testimonio de una persona también es esencial para los demás. Cuando algo se reconoce como esencial para todos en la Junta Mensual, lo registramos como testimonio de la reunión cuáquera. Ese testimonio luego se comparte con las otras juntas mensuales para ser probado en la Junta Trimestral o Anual. Luego, la reunión trimestral o anual afirma su mejor sentir de lo que suena verdadero para una reunión cuáquera específica. Las reuniones cuáqueras aprenden unas de otras y, a veces, el testimonio de una reunión es esencial para otras reuniones también. Cuando se reconoce como esencial para todos en la Junta Anual, registramos un nuevo testimonio corporativo en nuestra Fe y Práctica. La Fe y Práctica se convierte en una guía para las personas dando forma a nuestras vidas que trae el círculo completo del discernimiento. Este ciclo autorreferencial crea una ecología regenerativa de la práctica.

Una comunidad Cuáquera refleja la medida de la fe, la práctica y la integridad de los Amigos individuales. Los individuos son el canal de la revelación espiritual. Los Amigos individuales también reflejan la medida de la fe, la práctica y la integridad de la Reunión cuáquera. Crecemos en relación a la capacidad de retroalimentación y discernimiento de nuestra reunión cuáquera. Esto es sólo otra forma de reconocer el ciclo autorreferencial que crea esta ecología de la práctica.

De este modo, toda la reunión cuáquera se encamina hacia una fe más vital y fructífera. Con demasiada frecuencia, para evitar conflictos, para consolar a Amigos que llegan con un trauma de fe en el pasado, o para evitar enfrentar diferencias teológicas, una reunión adapta su identidad a la versión más vaga de fe y práctica en su círculo, sea cuáquero o no. Entonces, la visión se vuelve borrosa, la fe se vuelve tibia y el testimonio se vuelve amordazado o apagado.

La membresía es reconocida por la Junta Mensual, pero nos convertimos en miembros de la Junta Anual bajo la disciplina de esa Fe y Práctica. Cuando vemos la Junta Anual como una sociedad religiosa de la membresía total de cada Amigo en cada Junta Mensual, entonces los *Documentos pre elaborados* para las Sesiones Anuales se vuelven esenciales. Enviamos *Documentos pre elaborados* a cada Reunión Mensual con suficiente antelación para que cada Amigo pueda reflexionar sobre ellos y en su comunidad de reunión cuáquera para traer el mejor discernimiento de toda la membresía a las Sesiones Anuales.

Cuando era joven, mi familia dedicaba un día a la semana a la Junta Mensual y a otras oportunidades a medida que surgían, y un fin de semana al mes a los asuntos de la Junta Anual y Trimestral. Vivían su fe en la comunidad, y no hablaron de eso. Era una comunidad hermosa y poderosa. Pero cuando me mudé, no tenía un lenguaje para describir el cuaquerismo, qué era "eso" o cómo se hizo "eso".

Yo lo había vivido, pero con toda mi experiencia, no pude explicar o recrearlo en un lugar nuevo. Trabajé durante décadas para tener claro los elementos esenciales. Lo intenté casi a tiempo completo durante tres años, pero fracasé. Así que escribí a mi Junta Mensual para dejar mi membresía. Pero en mi reunión cuáquera me dijeron: "Sabes que no otorgamos ni revocamos la membresía, sólo podemos reconocer si uno es miembro o no, y lamentamos informarle, pero definitivamente es miembro de nuestra comunidad". Dijeron que debería irme de viaje, pero cuando volviera deberíamos discutir qué estaba pasando con esto. En ese viaje, la gente *Acehnese* del norte de Sumatra en Indonesia me pidieron que compartiera lo que sabía sobre el discernimiento. Les dije que había estado trabajando en eso y había fallado. Pero dijeron: "Bueno, al menos comparte las cosas que sabes". Cuando lo hice, fue innegablemente poderoso. El poder parecía surgir no sólo de las pocas actividades que compartía, sino de podar las otras actividades que oscurecían o distraían de estas estructuras esenciales:

Estructuras cuáqueras esenciales

Reunión para el culto de adoración
Deténganse, ábranse, busquen, escuchen y esperen ser guiados como pueblo.

Compañeros espirituales
Intercambiar buena atención y retroalimentación, sanación, interrogantes, perspicacia.

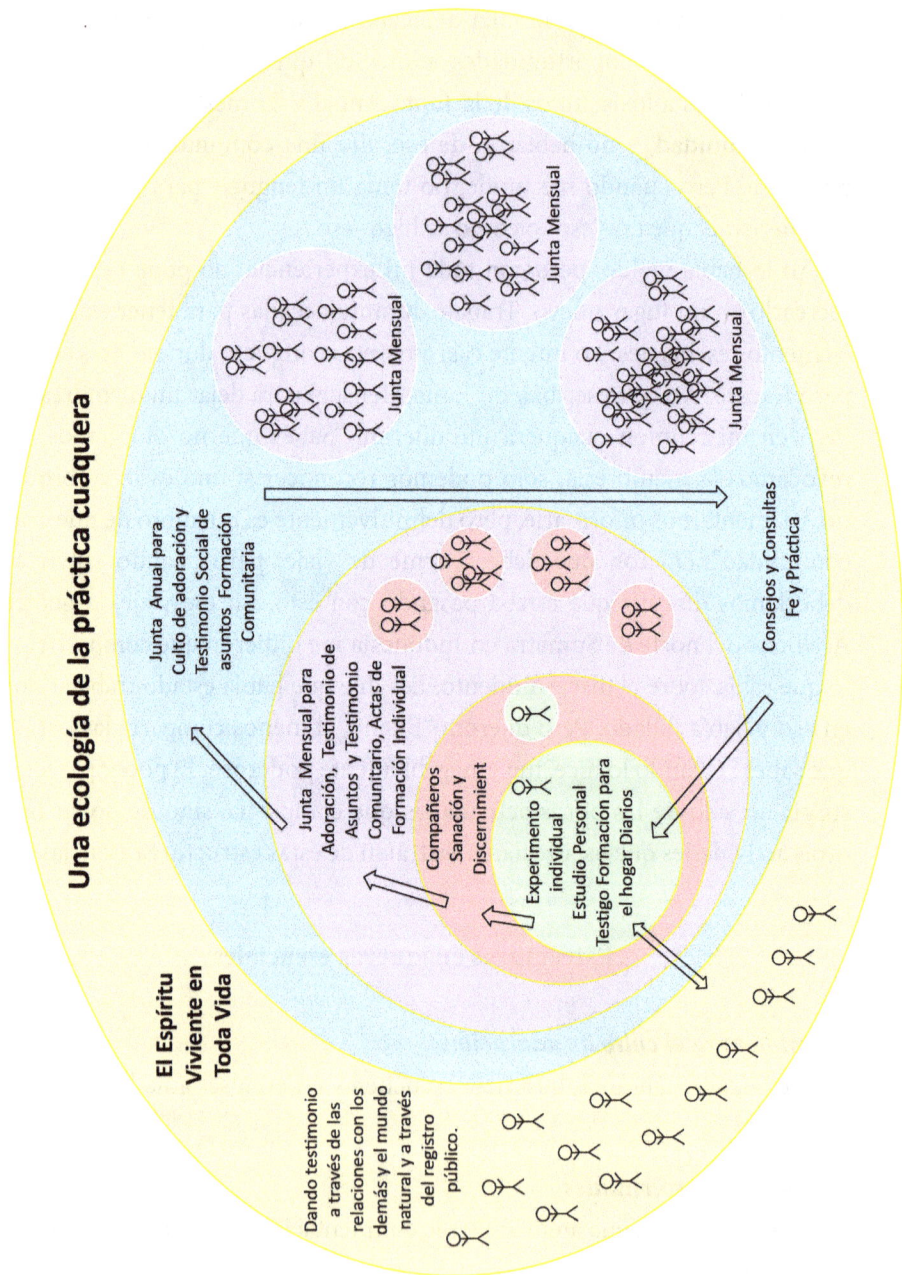

Una ecología de la práctica cuáquera

El Espíritu Viviente en Toda Vida

Junta Anual para Culto de adoración y Testimonio Social de asuntos Formación Comunitaria

Junta Mensual para Adoración, Testimonio de Asuntos y Testimonio Comunitario, Actas de Formación Individual

Compañeros Sanación y Discernimient

Experimento individual Estudio Personal Testigo Formación para el hogar Diarios

Consejos y Consultas Fe y Práctica

Junta Mensual

Junta Mensual

Junta Mensual

Dando testimonio a través de las relaciones con los demás y el mundo natural y a través del registro público.

Junta mensual

Testificar, intercambiar opiniones, discernir, registrar testimonios colectivos.

Reuniones para ministros, mayordomos o testigos

Cuídense, anímense y apoyense mutuamente.

Fe y Práctica de la Junta Anual

Discernir y documentar conocimientos y prácticas.

Dando testimonio

Reflejen en forma externa e ingresen en registro público.

Estas seis estructuras funcionan como un tejido espiritualmente dinámico e interdependiente, como un crisol para la transformación espiritual dentro del cual se revela y madura, se registra y se transmite la forma y sazón de la fe y la práctica de los Amigos.

Reunión para el culto de adoración

La primera estructura de la Sociedad Religiosa de los Amigos, la Reunión para culto de Adoraciones, es tan simple y sin embargo asombrosamente compleja. En la Reunión de culto de Adoración nos detenemos. Te detienes en tu cuerpo y en tu mente. Tu cerebro es un músculo. Siéntelo en cómo se ablanda dentro de tu cráneo. Déjate llevar y ábrete al Espíritu. No se siente en la Reunión de Adoración con la guardia alta habitual, solo para descansar y acumular suficiente energía para regresar y vivir una vida estresada o angustiosa. Baja la guardia, aunque eso puede resultar incómodo o incluso aterrador. Deja ir todo y ábrete al Espíritu. Esta es una práctica muy física de la orientación de cada célula de tu cuerpo.

Cuando somos guiados internamente, una prueba principal de que si estamos actuando por inspiración o angustia es la capacidad de detenerse: la angustia no quiere detenerse. De modo que detenerse y dejarse llevar es una parte importante de la forma en que nos abrimos al Espíritu Vivo. En ese espacio abierto, podemos escuchar internamente el susurro apacible impulsandonos en nuestro interior, la verdad que trabaja dentro de nosotros. Puedes dejar ir la angustia y entrar en silencio para tocar esa verdad dentro de ti que no está alineada con tu vida, y asi esperar recibir revelación y guía, para ti y para nosotros como pueblo.

Si te llega un mensaje para ti mismo, no lo compartas, deja que obre dentro de ti. Escríbelo en tu diario y trabaja en las implicaciones de ello para ti mismo. Si suena cierto, es posible que te entusiasme compartirlo, pero a menudo, una vez que lo compartes, sientes que has terminado -eso es todo. Pero eso NO es todo. Necesitas llevar la revelación dentro de ti, escribirla, experimentar con ella, probarla, examinarla y dejar que actúe en ti y te transforme. Luego comparte la revelación y cómo esto te ha transformado con tu(s) compañero(s), y tal vez con tu comunidad.

Si te llega un mensaje para otros o para nosotros como pueblo, ponte de pie y dilo para entregarlo. Somos el canal a través del cual llega la revelación. Entonces, cuando te sientas conmovido es tu responsabilidad ponerte de pie y hablar. Ya sea que te llegue esto durante la semana y el mensaje esté preparado o sea espontáneo, o ya sea antes, durante o después del tiempo de culto de adoración formal, parte de la adoración es entregar a tu comunidad la revelación y los mensajes que surgen desde la adoración.

La reunión para el culto de adoración es una práctica tanto de escuchar como de hablar con franqueza. Pero no es nuestra tarea "recibir" los mensajes. Nuestra tarea es recibirlos cuando vengan. Pero como Cuáqueros, nuestra tarea principal es celebrar el Espíritu con gratitud. Sé íntegro, sé saludable y deléitate con el regalo de la vida. Vive y toma fuerzas de un poder real, presente y palpable del Espíritu. En esta alegría pura, podemos ser plenamente conscientes de la fuente de nuestras emociones o angustias, nuestra ira o indignación, pero no las alimentamos ni dejamos que nos alimenten. Obtenemos nuestra fuerza y poder del Espíritu de vida. Entramos en la reunión para culto de adoración con el fin de practicar la tarea física de entrar de lleno en nuestra celebración de la vida, cediendo a la naturaleza de esto, permitiendo que la verdad me transforme, y respirando una sensación de plenitud, gratitud y alegría, simplemente deleitándome en el regalo de vida.

Luego extiende ese sentido de adoración a cada momento de nuestras vidas, una especie de hacer una oración sin cesar, apreciando y celebrando la vida en cada momento. Trata la vida cotidiana como un sacramento, centrado en lo que es amoroso y verdadero en cada momento. Deténgase y adorale al principio y al final de cada día. Busque oportunidades para reunirse con otros, diariamente o semanalmente, para dejarse llevar, abrirse al Espíritu y esperar recibir dirección en ti. Después de la adoración, anota en tu diario cualquier revelación o mensaje que le hayan hablado, luego actúe sobre ellos y tráigalos para hablar con tus compañeros y potencialmente a la Junta Mensual para probarlos.

Reunión para el culto de adoración

Reúnanse y acomódense en silencio.
Deténgase, suéltese y ábrase al Espíritu Viviente.
Escucha en tu interior, espera que el Espíritu nos sane y nos guíe.
Dejando que los mensajes obren dentro de mí.
Ponerse de pie y hablar los mensajes para la comunidad. Cierre con saludo y visitación.

Compañeros espirituales

Compañeros Espirituales fue la segunda estructura de la Sociedad Religiosa de los Amigos, ninguno más conocido que los Sesenta Valientes. Los Cuáqueros a menudo vivían, trabajaban y viajaban en parejas.

Cuando somos guiados en nuestro interior, las dos pruebas principales de que si estamos actuando por inspiración o por angustia es la capacidad de detenernos y aceptar la retroalimentación externa: la angustia no puede detenerse y no responde a la retroalimentación externa. Con nuestros compañeros espirituales, compartimos nuestro experimento, solicitamos comentarios, decimos "gracias" e imaginamos si lo que dicen es cierto.

Los compañeros espirituales son parejas o pequeños grupos de personas, generalmente somos 2-4 personas, que se comprometen mutuamente a experimentar con el Espíritu en la vida privada y pública. Se reúnen regularmente (cada 1 a 3 semanas) durante el tiempo que el grupo elija. El grupo divide el tiempo en partes iguales para dar a cada persona una buena atención por turno.

Un buen compañero es un buen oyente que se detiene en cuerpo y mente, se vuelve hacia la persona que habla, sigue con curiosidad lo que dice e imagina si lo que dice es verdad. Además de ser un buen oyente, un buen compañero se mantiene relajado y sin ansiedad en su interior o en el Espíritu, y recuerda la bondad y la capacidad del que habla en su interior o el Espíritu en ellos.

El trabajo con compañeros es variado y muy bendecido. Llegamos a ver la experiencia con el Espíritu en la vida de cada persona y afirmamos estas variaciones sin poner en alto o en bajo algunas. Simplemente dividimos el tiempo en partes iguales y damos tiempo a cada persona con buena atención. Cuando es mi turno, me pregunto: "¿Qué necesito?" Acomódese en el silencio, la contemplación y la oración, abriéndose a la sanación o la guía. Describa cómo experimentó el Espíritu en tiempos fáciles y gloriosos y en tiempos difíciles, cuando me quedo corto, me siento inadecuado, fracasado o soy el perpetrador. Descarga la emoción de tu cuerpo: llora, tiembla, grita, ríe, emociónate. Dejo que mi mente se aclare y se abra a percepciones y dirección del Espíritu. O puedo compartir los frutos de experimentar con el Espíritu en mi vida. Identifico las percepciones, direcciones o interrogantes que me guíen y los pruebo con los demás pidiéndoles sus comentarios

Cuando probamos con otros, solo hay una pregunta: "¿Puedes sentir la vida y el poder del Espíritu en ello?" O, "¿Sientes que suena cierto?" Si no, dale más tiempo. Si es así, registre esta retroalimentación en su diario. Y si también suena cierto para otros, regístrelo en el diario del grupo de compañeros, y llévelo a la comunidad. Luego, la comunidad le da retroalimentación al grupo. Si es cierto para toda la comunidad, entonces lo registran como un nuevo testimonio, percepción o práctica. Esta guía inspira a otros a una mayor fidelidad. Entonces, con la reunión para el Culto de Adoración y los Compañeros Espirituales, tenemos esta base en la capacidad de detenernos y recibir comentarios externos, lo cual es fundamental para nuestro compromiso de ser guiados en nuestro interior.

Grupos de compañeros

- Reúnanse y acomódense en silencio.
- Tómese el mismo tiempo para reflexionar sobre el experimento con el Espíritu en su vida.

- Los compañeros se mantienen relajados y sin ansiedad en el Espíritu, y se enfocan en el Espíritu del que está hablando.
- Durante tu tiempo, tu puedes:
- Quédate quieto y escucha en tu interior.
- Descarga tus emociones.
- Habla sobre tu experiencia con el Espíritu, o de las direcciones o interrogantes.
- Cede a la motivación del amor y a la verdad dentro de ti.
- Reserve tiempo, si lo desea, para formular testimonio de fe o práctica. Si es así:
- Pídale a su(s) compañero(s) que reflexionen sobre lo que escucharon en sus palabras. Es posible que sienta la necesidad de trabajar más o sienta una mayor confianza en su testimonio. Si fuera este último:
- Pídale a su(s) compañero(s) que te den su comentario sobre si ellos sienten el Espíritu en ello.
- Documenta en tu diario cualquier testimonio, reflexión o retroalimentación.
- Trae testimonios que suenen verdaderos para todos ustedes a la Junta Mensual.
- Cierre la reunión después de que todos tengan su turno y el grupo se haya acomodado.
- Actúa entre las reuniones y celebra los gozos y frutos del Espíritu. Puedes comenzar con o revisar ocasionalmente las preguntas sobre estar *Disponible y Preparado*.

Disponible y preparado

- ¿Me estoy cuidando: mi salud, el sueño, el agua, la comida, la actividad, la curiosidad, la tranquilidad, el equilibrio?
- ¿Está abierto mi corazón? ¿Hay dolor, miedo, ira, apatía, alegría, deleite, gratitud que necesito descargar?
- ¿Está mi mente abierta? ¿Hay confusión, perspicacia, comprensión, integridad que necesito notar?
- ¿Está abierta mi conciencia? ¿Estoy escuchando en mi interior, creciendo, aprendiendo, experimentando, cambiando?

- ¿Amo la vida y actúo según lo que sé que es verdad, por el placer de hacerlo, o como un compromiso de vida?
- ¿Registro lo que sé que es cierto en un registro público: escritura, arte, música, ley, corte, noticias, currículo, etc.?
- ¿Estoy viviendo en integridad con el poder transformador de la vida?

Es posible que más adelante desee hablar sobre una o más de las preguntas del Grupo Compañeros.

Preguntas del Grupo de Compañeros

- ¿Cómo experimentó el Espíritu Viviente en mi vida privada y pública?
- ¿Qué necesito tener o dejar ir para estar consciente del Espíritu en cada momento?
- ¿Qué angustias necesito notar, aprender y descargar?
- ¿En quién confío? ¿Quién confía en mí? ¿Cómo pido u ofrezco ayuda?
- ¿Cómo el amor y la conciencia moldean y guían mi vida?
- ¿Qué me ha revelado el Espíritu Vivo?
- ¿Cómo puedo usar lo que necesito y compartir el resto?
- ¿Qué dirección espiritual me ha llegado para mí o para nosotros como cultura?
- ¿Con quién debo resolver las disputas?
- ¿Qué frutos ha dado este experimento en mi vida privada y pública?

Junta mensual

La reunión de la Junta Mensual fue la tercera estructura de la Sociedad Religiosa de Amigos para agregar disciplina a nuestra fe y práctica. Debido a que el Espíritu es universal y reconocible por los demás, especialmente por aquellos que se comprometen con la vida espiritual, una prueba significativa de discernimiento entre los Amigos fue reunirse mensualmente para testificar cómo estaban siendo transformados y guiados por el Espíritu y recibir comentarios de los demás. La reunión de la Junta Mensual es una práctica exclusivamente Cuáquera.

Este trabajo de testificar personalmente, pedir y recibir retroalimentación, y documentar nuestro testimonio nos transforma, tanto a nivel individual como sociedad. La naturaleza de esa transformación en nosotros cambia lo que aportamos y cómo abordamos el discernimiento sobre asuntos colectivos y la resolución de disputas comunitarias. Así que comience con un testimonio personal sobre:

- Lo que necesitas tener o dejar de lado para estar consciente y cimentado en el Espíritu.
- Cómo el Espíritu lo está guiando y transformando: percepciones o prácticas que están dando forma a su vida.
- Cómo el Espíritu, por medio del amor y la conciencia, va prosperando en vuestra vida personal y pública.

Luego siga la observación de Michael Sheeran en el texto *Más allá de la regla de la mayoría*: primero pregunte si el testimonio es claro y permita que se den aclaraciones a las preguntas. Luego invite a los miembros de la comunidad a que cada uno comparta su respuesta o retroalimentación, enfocándose en una sola cosa: ¿Siente el Espíritu en ello? La pregunta NO es si te gusta, si estás de acuerdo o incluso si lo entiendes. La pregunta se trata de que si: ¿suena verdadero en el altavoz? ¿Sientes la vida y el poder del Espíritu en ello? A menudo no nos gusta o no estamos de acuerdo con la verdad, pero esa es la verdad. Puede que no entendamos, pero aún podemos sentir que el Espíritu se mueve en ello o no. Responder a esta pregunta simplemente informa al hablante; no es juicio.

Si la comunidad afirma, entonces documente si el grupo sintió que sonaba cierto solo para la persona que hablo, o para algunas personas o para todos. Si el testimonio es verdadero para toda la reunión de la Junta Mensual, compártalo con las otras reuniones. Consideren en la reunión de la Junta Trimestral o Anual si suena cierto para esa reunión, algunas reuniones o para todos. Si es para todos, entonces registrenlo en la Fe y Práctica de la Junta Anual. Los nuevos testimonios corporativos emergen naturalmente como un subproducto de esta práctica de las reuniones de Juntas Mensuales, Trimestrales y Anuales.

Luego atiendan cualquier sufrimiento por amor y conciencia que se produzca al aplicar testimonios afirmados por la comunidad en nuestra vida.

Después de atender los testimonios o sufrimientos personales, retomen las decisiones o disputas en la comunidad. Distingan entre decisiones que requieren discernimiento espiritual, cuidado pastoral o consejería, o simplemente necesitan que alguien tome la decisión o lleve a cabo la acción. Pregunta abiertamente si un asunto requiere discernimiento espiritual, atención pastoral o simplemente alguien que lo haga, e invita con sinceridad a recibir aportes y comentarios. El desarrollar la habilidad para hacer esta distinción correctamente por parte de muchas personas en la reunión fortalece enormemente a la Junta Mensual.

Una vez que un elemento esté claro, entonces ábranse al Espíritu, escuchen en silencio y hablen con honestidad de ello: declaren cualquier verdad simple que se les ocurra y confíen en que el Espíritu obrará en tu interior, sanará y guiará. Habla si sientes la vida y el poder en ello que 'suena verdadero'.

Un individuo puede sentir tanta fuerza que desea interponerse en el camino o hacerse a un lado. Entonces es responsabilidad del grupo detenerse y explorar la verdad en su preocupación de ellos y ser cambiado por ello. Si el sentido de la reunión no es cambiado, es obligación del grupo decirlo con amorosa ternura, y seguir adelante. No permitan que un individuo "mantenga una reunión como rehén". Si corresponde, registre las preocupaciones de cualquier persona que se oponga o se haga a un lado. Esto puede ayudar al grupo a comprender cuándo surgen problemas más adelante.

Así que en la reunión de la Junta Mensual se debe atender primero al testimonio personal de cómo el Espíritu está obrando en nuestras vidas, y luego atender las inquietudes o disputas que requieran discernimiento espiritual. Esto llevará a generar nuevos testimonios corporativos para nosotros como pueblo hoy en día.

Reunión de la Junta Mensual

- Acomódense en silencio.
- Lean primero los testimonios personales, uno por uno.
- Pregunte «¿Si está claro o no lo está?" Aclarar según sea necesario.

- ¿Sientes el Espíritu en ello, que 'suena verdadero', no si te gusta, estás de acuerdo o si lo entiendes?
- Si es negativo, dígalo. Deja que la persona responda. Si todavía no está claro, la persona acepta esa retroalimentación.
- En caso de ser afirmativo, regístrelo en el libro de la comunidad con el nombre y las palabras de la persona.
- Pregunté si «¿Es cierto para los demás?" Si es así, agregue sus nombres; y si es para todos, regístrelo como un testimonio corporativo.
- Luego lea las decisiones de la comunidad, las instrucciones o los arreglos de disputas, uno por uno.
- Pregunte «¿Está claro o no lo está?" Aclarar según sea necesario.
- Habla a tu sentido del Espíritu Viviente en ello.
- Después de que todos tengan la oportunidad de hablar, vuelva a hablar si tienen una nueva revelación.
- Cuando surja un sentido de unidad o una colección resonante de ideas iguales, nómbrenlos y regístrenlos.
- Deje un momento de silencio después de cada tema de la agenda, luego pase al siguiente.

Reuniones de ministros, mayordomos o testigos

Las reuniones de ministros, mayordomos o testigos comenzaron como la reunión del séptimo día de ministros y ancianos, y más tarde la reunión de supervisores. Mucho más tarde, estos evolucionaron hasta convertirse en la estructura de comités que nos es familiar hoy en día. El Ministerio de Adoración o Ministerio y Consejería se enfoca tanto en el ministerio como en nuestra vida interior. La Mayordomía, la Crianza o la Supervisión se centran en la mayordomía y en nuestra vida exterior. El comité de Testimonio o Paz y Preocupaciones Sociales, que hoy incluye el testimonio del cuidado de la Tierra, se centra en el testimonio y en nuestras vidas públicas.

En cada uno de estos aspectos de nuestra fe y práctica, los cuáqueros equilibran dos dicotomías diferentes:

1. Aplicar las implicaciones de la guía espiritual tanto a nuestra vida personal como pública.
2. Escuchar tanto lo que necesitamos tener, crear o actuar como también lo que debemos dejar de lado, resistir u oponernos.

El ser guiados por el Espíritu Viviente, más que por la teoría o la ideología, nos permite enfocarnos en toda nuestra vida, personal y pública, y en todo nuestro ser, cuando decimos sí o no. Esto es tan simple que podemos pasar por alto el hecho de que es bastante único y contribuye históricamente a la naturaleza convincente del testimonio cuáquero.

Los Amigos son conocidos porque su *sí* es sí y su *no* es no. Pensé en esto como el decir la verdad, que los Cuáqueros eran honestos. Pero a medida que aplico mi mejor discernimiento de guía espiritual a lo largo de mi vida, he llegado a reconocer cosas que pueden parecer malas pero son buenas en la verdad, y lo que pueden parecer buenas pero son malas en la verdad. Cuando hacemos esto, otros nos ven haciéndolo. Luego vienen a pedir nuestra retroalimentación sobre qué cosas son verdaderamente, regenerativas, amorosas y conscientes o no, qué es del Espíritu y qué no.

Los Cuáqueros abandonaron a los laicos, porque cada uno de nosotros se comprometió con esta práctica del discernimiento espiritual a lo largo de toda su vida. Cada uno de nosotros crecemos en nuestro ministerio, mayordomía y testimonio. A veces podemos optar por pasar más tiempo en un aspecto de nuestra fe y práctica, o ciertas personas pueden tener dones en un área determinada. Entonces, algunas personas pueden tomar un turno como miembro, mientras que otras pueden pasar una buena parte de sus vidas en uno u otro de estos grupos. En nuestra membresía en cualquiera de estos grupos, nos comprometemos a:

- Cuidar y nutrir ese aspecto de nuestras propias vidas, enseñando o testificando con el ejemplo.
- Conocer a cada miembro de la reunión cuáquera en ese aspecto de su vida, y buscar formas de nutrir, alentar y proporcionar recursos para cada uno de ellos.
- Conocer a la reunión cuáquera en su conjunto, a nosotros como pueblo, y lo que necesita esta reunión en este aspecto.

Cuando cada uno de estos grupos se reúne, generalmente mensualmente, el grupo atiende a una serie de perspectivas.

- Compartir la adoración o compañerismo espiritual compartiendo nuestra propia experiencia.
- Compartir lo que hemos llegado a saber o hecho para apoyar a cada individuo en la reunión cuáquera.
- Compartir nuestro sentido de la reunión cuáquera, y lo que nosotros como comunidad necesitamos para crecer.
- Buscar direcciòn espiritual, y probar el discernimiento, o sazonar asuntos específicos que surjan en la reunión.

Es en abordar el trabajo en cómo cuidarnos a nosotros mismos, a los demás y a nosotros como pueblo es que se entreteje la comunidad espiritual y la Sociedad Religiosa de los Amigos.

Reuniones de ministros, mayordomos o testigos

- Comprometerse a vivir la fe y la práctica cuáquera en nuestras vidas.
- Conocer a cada integrante y a la reunión en su conjunto en este aspecto de nuestras vidas.
- Ofrecer ánimos, nutrición espiritual y recursos a las personas y a la comunidad en este aspecto de nuestras vidas.
- Reúnase regularmente, típicamente mensualmente, para atender este aspecto de nuestra fe y práctica:
- Compartir la adoración o compañerismo espiritual compartiendo sobre nosotros mismos.
- Compartir lo que hemos llegado a saber o hecho para apoyar a cada individuo en la reunión cuáquera.
- Compartir nuestro sentido de la reunión y lo que nosotros como comunidad necesitamos para crecer.
- Buscar dirección espiritual, razones y pruebe el discernimiento sobre asuntos específicos que surjan.

Fe y Práctica de la Junta Anual

La Fe y Práctica de la Junta Anual es el libro de Disciplina que guía a los Cuáqueros a nivel individual. Las Reuniones de Juntas Mensuales pueden reconocer a alguien cuando pide ser miembro, pero su membresía es con la Sociedad Religiosa, incluyendo la reunión mensual, trimestral y anual.

La Fe y Práctica de la Junta Anual surge de individuos que buscan y experimentan con el Espíritu en sus vidas. El *Evangelio* no tiene portadas, nuestras vidas son el texto del *Evangelio*. Seguimos recibiendo revelación sobre la naturaleza y el movimiento del Espíritu entre nosotros.

Un buen experimento necesita un registro, lo que llamamos un diario, para rastrear, probar y registrar el fruto del experimento. Pide y se te dará; busca y encontrarás; llama y la puerta se te abrirá. (Mateo 7:7; Lucas 11:9). Los Amigos piden, buscan y llaman, y documentamos en nuestros diarios lo que se da, lo que encontramos y cómo se abre el camino, probado por nuestros compañeros.

Las Reuniones de Juntas Mensuales documentan el discernimiento de los miembros de la reunión en su libro de actas. Registramos testimonios afirmados por la reunión cuáquera con el nombre de la(s) persona(s), y nuevos testimonios corporativos cuando algo es afirmado por toda la Junta Mensual.

Las Juntas Anuales documentan el discernimiento de la sociedad religiosa en su libro de actas. Registramos testimonios afirmados por la Junta Anual con el nombre de la(s) junta(s) y nuevos testimonios corporativos afirmados por toda la sociedad religiosa. Se seleccionan declaraciones significativas de fe o práctica para el libro de Fe y Práctica, incluidos consejos e interrogantes. Esto a su vez educa y guía a los Cuáqueros individuales. Los miembros de la reunión pueden utilizar las interrogantes del *Estudio* Amistoso de fe y práctica para estudiar los textos de Fe y Práctica.

Este ciclo autorreferencial crea una sociedad autoorganizada basada en el discernimiento. Pero esto requiere que las personas valoren y se comprometan con el Espíritu en nuestras vidas y este ciclo de discernimiento, y eliminen otras distracciones. Cuando la Junta Anual realmente se involucra en este ciclo, los *documentos pre elaborados* para la sesión anual se vuelven esenciales para que todos los miembros los lean y busquen claridad como una Junta Mensual, y para traer esa claridad y perspectiva a las Juntas Trimestrales y Anuales. Este ciclo simple es cada vez más raro, pero es una forma poderosa de dar vida a la amada comunidad y la Sociedad Religiosa.

Dando testimonio

Dando testimonio del Espíritu Viviente. La sustancia ofrece la estructura más primaria a nuestras vidas. Cuando los mayores y los jóvenes trabajan juntos, no nos organizamos en torno a "lo-que-diga-el-adulto", ni debemos organizarnos en torno a "lo-que-quiera-el-niño". Nos organizamos en torno al amor y la verdad de un asunto, que proporciona su propia estructura. Es por eso que los Cuáqueros hablan claramente, y no explican, no defienden o persuaden, sino que exponen la verdad de la mejor manera que la percibimos y dejamos que el amor y la verdad en cuanto al asunto trabajen en nosotros.

Lo que testificamos a veces parece difícil de precisar por muchas razones.

Damos testimonio de varias maneras, a través de nuestras formas externas que reflejan nuestra experiencia interna; nuestras relaciones amables y conscientes con los demás y el mundo natural; y el fruto de nuestra vida: amor, alegría, paz, fuerza, compasión, belleza, verdad, igualdad y libertad.

El testimonio también tiene dos lados: iluminar, resistir y oponerse a todo lo que es contrario al Espíritu, o degenerativo, así como seguir y ceder a la dirección del Espíritu, o regenerativo. La mayoría de las actividades humanas se enfocan en uno u el otro, no en ambos simultáneamente. Por lo tanto, no es un patrón de pensamiento y acción cooperativos que se sienta ordinario.

Testificar también es muy desafiante. Como cuáqueros nos encanta pensar en caminar alegremente por el mundo, respondiendo a eso de Dios en cada persona. Pero la cita completa de George Fox es un poco más desafiante y exigente. También, mezcla con fluidez elementos de oposición a lo que es contrario y llamamiento a lo que es del Espíritu (1656): "En el poder de la vida y la sabiduría, y en el temor del Señor Dios de la vida, y del cielo y de la tierra, habita; para que en la sabiduría de Dios sobre todo seáis guardados, y seáis terror para todos los adversarios de Dios, y pavor, respondiendo a eso de Dios en todos ellos, difundiendo la Verdad, despertando el testimonio, confundiendo el engaño, sacando de la transgresión a la vida, el pacto de luz y paz con Dios. Haz que todas las naciones oigan la palabra por altavoz o por escrito. No escatiméis el lugar, no escatiméis la lengua ni la pluma, sino sed obedientes al Señor Dios y andad por el mundo y sed valientes por la Verdad sobre la tierra; pisa y pisotea todo lo que es contrario abajo. ...Y este es... un mandato para todos vosotros en la presencia del Dios vivo: sed modelos, sed ejemplos en todos los países, lugares, islas, naciones, dondequiera que vayan, para que vuestro porte y vuestra vida prediquen entre todos tipos de personas, y a ellos; entonces llegarás a andar alegremente por el mundo, respondiendo a eso de Dios en cada persona."

Pongo el énfasis en "Y entonces?". No buscamos caminar alegremente por el mundo, respondiendo a eso de Dios en todos; buscamos ceder a la verdad en todas sus demandas insignificantes, abrumadoras, perturbadoras e inconvenientes en todos los aspectos de nuestras vidas. Buscamos "actuar con justicia y amar la misericordia y caminar humildemente con nuestro Dios" (Miqueas 6:8). La verdad a menudo no es lo que nos gusta, o con lo que estamos de acuerdo, o que queremos o entendemos. Es incómodo ser terror para los adversarios de Dios... pisoteando y aplastando todo lo que es contrario. Pero, sinceramente, así es como se siente gran parte del trabajo de un testigo. A menudo cedo o me doy por vencido y no mantengo el rumbo cuando me meto en estas aguas bravas.

Pero incluso en los asuntos humanos más perturbadores y angustiosos, William Penn (1682) describe: "La verdadera piedad no expulsa a los hombres del mundo, sino que les permite vivir mejor en ello, y estimula sus esfuerzos para enmendarlo..." Entonces , cuando cedemos y confiamos en el Espíritu a través de todas las pruebas de nuestra vida, y registramos nuestras percepciones en el registro público de cartas, escritos, canciones, arte, currículo, ley o tribunal, otros se vuelven hacia nosotros para ser testigos tanto en la vida cotidiana o en los tribunales. Los Cuáqueros están comprometidos a crear y cumplir la ley, a menos que la ley viole nuestra conciencia o convicción religiosa. Entonces estamos obligados a quebrantar públicamente tales leyes para que podamos ingresar nuestro testimonio en el registro público de la corte. Cada Cuáquero está llamado, a nuestra manera, a "ser modelo, ser ejemplo en todos los países, lugares, islas, naciones, dondequiera que vayamos, para que tu porte y tu vida prediquen entre toda clase de personas, y a ellos". (George Fox)

Como Amigos, confiamos en la sustancia de la Guía Interior y el amor y la verdad de un asunto para proporcionar la estructura de nuestras vidas y comunidades. Cuando vemos la estructura creada por el amor y la verdad misma y nuestras relaciones de comunión y discernimiento mutuo, experimentamos una alegría, un juego y un deleite, una sensación de paz y libertad que vale todos sus desafíos y que no se puede encontrar a través de ningún otro medio.

~

Ellos mismos fueron hombres transformados antes de transformar a otros.
Sus corazones se desgarraron al igual que sus vestidos, y conocieron el poder y la obra de Dios en ellos...
William Penn

~

Capítulo 8

~

Actividades para practicar estructuras cuáqueras esenciales

Este capítulo describe cómo utilizar nuestras propias estructuras básicas como fuente de nuestra educación. Organice cada estructura esencial con atención, reflexión y expresión especiales y deliberadas. Aprendemos combinando la experiencia y la reflexión. Aquí es donde el «¡Ah, ja!» ocurre. También aprendemos enseñando, encontrando nuestra voz para expresar a los demás lo que estamos haciendo.

Organice y reflexione sobre las reuniones cuáqueras

Para cada reunión cuáquera esencial, una a la vez, lea las instrucciones básicas y lleve a cabo la reunión con la intención especial de aplicar las instrucciones. Luego reflexiona sobre la experiencia después.

Para la reunión de culto de Adoración y para la reunión de la Junta Mensual, reúnanse a la hora habitual o programen una hora separada para experimentar cómo acercarse a la Reunión de culto de Adoración con esta intención específica cambia la experiencia de la reunión. Al comienzo de la reunión, lean la descripción de este texto, tu libro de Fe y Práctica y/u otra referencia. Al final de la reunión, reflexionar sobre la experiencia.

Para los grupos de compañeros y las reuniones de ministros, mayordomos o testigos, programe un tiempo de reflexión después de que los grupos de compañeros se reúnan cada 4 a 6 meses, y reorganice los grupos de compañeros en ese momento.

Note cómo la experiencia de practicar estas reuniones es completamente diferente de pensar o hablar sobre hacerlas. Así que practíquelos con orientación inicial o recordatorios. Lea la tarjeta de instrucciones al comienzo de cada reunión. No importa cuánto tiempo la gente haya estado haciéndolo o escuchándolo. Leer instrucciones simples antes de cada reunión guía a los recién llegados y recuerda a los que tienen experiencia. Luego reflexione sobre la práctica para obtener información. También aprendemos y retenemos más cuando describimos, expresamos o enseñamos a otros la práctica. Sigue estos pasos:

- *Organice la práctica* en el horario regular de su reunión para el culto de adoración o en un horario especial.
- *Comparta las instrucciones* en tarjetas o en un cartel para que cada participante las vea. Lea la tarjeta al principio sin ningún lenguaje añadido. "Ahora lo haremos…..". [Lea la tarjeta.]
- *Pregunte:* "¿Está todo claro?" Responda sólo las preguntas que requieran aclaración sobre la práctica o el contenido; de lo contrario, diga: "Por favor, comparta eso durante el proceso". Mantenga las aclaraciones en la menor cantidad de palabras posible, reservando tiempo para la práctica y la reflexión.
- Haz la práctica.
- *Después reflexiona sobre la práctica* reservando al menos veinte minutos para asegurarte de llegar a la última pregunta: "¿Qué notaste?" O, "¿Cuál fue tu experiencia de esa práctica?" "¿Qué te llamó la atención sobre el contenido?" "¿Qué te llamó la atención sobre la práctica o la estructura?" Las personas a menudo necesitan procesar su experiencia personal y el contenido antes de poder dar un paso atrás y considerar el formato o el enfoque.

- *Documenta y publica* la reflexión en el boletín de la Junta Mensual o en las actas de la Junta Mensual, o en el arte, la canción, la escritura, las publicaciones, el currículo, la ley, dondequiera sea apropiado. Invite a tres adultos a dirigir la práctica con niños o jóvenes después de realizarla con adultos, o viceversa.

Llevar a cabo el informe de la actividad

Realice informe de la actividad después de cualquier evento de reunión de culto de adoración o reunión congregada. Invite a las personas a escribir implicaciones para ellos mismos en sus diarios personales (3 minutos), hable en pequeños grupos de tres sobre lo que experimentaron o aprendieron (10 minutos) y comparta las implicaciones para nosotros como cultura en todo el grupo (10 minutos). Utilizamos este informe en un centro de aprendizaje en casi todas las actividades y la gente tardó de 2 a 3 años en acostumbrarse a la última pregunta sobre las implicaciones para nosotros como cultura y sentir que tenían algo valioso que compartir. Así que sé persistente.

Compilar, usar y probar las actas de las reuniones de Juntas Mensuales

Recopilar, usar y probar las actas de las reuniones de Juntas Mensuales de las declaraciones informativas de fe o práctica. Recogelas por década y estudienlos cómo una reunión cuáquera. Envíe las que suenen verdaderas para su reunión cuáquera en la actualidad para su Junta Anual para probarlas con otras reuniones, obtengan comentarios y, si son verdaderas para otros, agregarlas a su Fe y Práctica.

Estudio amistoso de fe y práctica

Usamos estas interrogantes para estudiar la Biblia, otros textos religiosos o el libro de Fe y Práctica de la Junta Anual. Adapté ligeramente las interrogantes de Spears & Spears (1997):

Estudio amistoso de Fe y Práctica

¿Cuáles son los puntos principales en este pasaje?
¿Qué nueva luz encuentro en esta lectura en particular?
¿Cómo es este pasaje fiel a mi experiencia o nuestra experiencia?
¿Qué problemas tengo con este texto?
¿Cuáles son las implicaciones para mi vida y para nosotros como pueblo?

Además de estudiar la Fe y la práctica de su propia Junta Anual, puede estudiar la Fe y la Práctica de la Junta Anual de Gran Bretaña, o una colección de la Fe y la práctica de otras Juntas Anuales. También es instructivo buscar temas de interés en una variedad de libros de Fe y Práctica dentro de la Junta Anual para considerar un tema de manera más amplia y profunda. Fe y Práctica es descriptivo, no prescriptivo.

Uno no debe apresurarse a descartar enseñanzas, consejos o interrogantes de larga data. Pero la percepción evoluciona con el tiempo a través de la revelación continua.

Enfoca en las sesiones de grupos de compañeros sobre el testimonio

Enfoca en las sesiones de grupos de compañeros sobre el testimonio, o únase a una reunión de testigos para apoyarse mutuamente en estos pasos:

- *Refleja tu fe en el Espíritu Viviente en forma externa* y en relaciones amables y conscientes con los demás y el mundo natural. Iluminar, resistir y oponerse a todo lo que es contrario al Espíritu y degenerativo. Sigue la sabiduría y la práctica de todo lo que es del Espíritu, o generativo.
- *Testifica de la fe y la práctica en su vida diaria* en su reunión de Junta Mensual, y solicita la retroalimentación y el registro de la reunión para ti o para algunos otros que se unan a ti en ese testimonio. Lleva un testimonio que le hable a toda la comunidad,

a la reunión anual y pida comentarios. Si concurren las otras reuniones, documenta los nuevos testimonios corporativos en el libro de Fe y Práctica de la Junta Anual.

- ***Responde cuando otros recurran a ti*** para probar la veracidad de un asunto, en la vida cotidiana o en los tribunales.
- ***Ingrese al registro público*** sus percepciones sobre nuestra fe y práctica en las cartas, escritos, música, arte, currículo, leyes o procedimientos judiciales.

Sobre la Autora

Nadine Hoover es miembro de la Junta Mensual Buffalo, de la Junta Anual de Nueva York. Creció en la Junta Mensual Alfred en el oeste del estado de Nueva York. Media docena de familias cuáqueras se establecieron en esta pequeña comunidad rural porque habían realizado un servicio alternativo como objetores de conciencia de la Segunda Guerra Mundial en el oeste de Nueva York. Muchos de ellos habían crecido en comunidades y familias cuáqueras. Discernieron decisiones juntos y dejaron que sus vidas prediquen, como individuos y como grupo. Vivían de su fe y práctica cuáquera, pero no hablaron sobre cómo lo hicieron. Por lo tanto, no atrajeron a los recién llegados ni enseñaron a los miembros cómo describir la práctica de los Cuáqueros a otros.

En su juventud, Nadine asistió a los campamentos de trabajo de Powell House y Filadelfia. Se graduó de la escuela de George School en 1978 y de la universidad Friends World en 1982. Nadine se desempeñó como Presidenta de la Junta Anual del Sureste, 1997-99, y como Gerente de la Librería de la Asociación General de los Amigos en 1999. La Junta Anual del Sureste la liberó para viajar en el ministerio en 1996 y la Junta Anual de Nueva York en 1999. Se desempeñó como Coordinadora de los Equipos Amigos de la Paz en Asia Pacífico Occidental, 2007-2018.

Aun así, a Nadine le costó articular la práctica de los Cuáqueros. Después de tres años de escritura intensiva, en 2009 se dio por vencida. Pero sus amigos indonesios le pidieron que compartiera lo que sabía sobre el discernimiento. Así que enumeró algunos elementos clave. Cuando fueron probados, florecieron. Primero, hacerlas crea un simple ciclo regenerativo de actividad, una ecología de práctica. Y segundo, podar los elementos no esenciales despeja el camino para prosperar.

Para cosechar los beneficios, nos preguntamos qué debemos dejar de hacer y qué debemos hacer. Luego nos dedicamos a experimentar con el Espíritu en nuestras vidas. No hacemos esto solos, lo hacemos juntamente con otros. Muchas personas buscan comprender y experimentar estas prácticas cuáqueras.

~

Amar a los que son llamados enemigos y hacerse amigos de ellos, así comienza la obra de la paz.

Nadine Hoover, 2019

~

Referencias

Cita de N. Jean Toomer de:
Black Fire: cuáqueros afroamericanos sobre espiritualidad y derechos humanos (2011). Editado por Harold D. Weaver, Jr., Paul Kriese y Stephen W. Angell con Anne Steere Nash. Filadelfia: Quaker Press de FGC.

Preguntas de estudio amistoso de Fe y Práctica:
Lanzas, Joanne; Lanzas, Larry (1997). "Friendly Bible Study" www.quakers4re.org/node/143 y "Friendly Faith and Practice Study Guide". iBooks, QuakerBooks.

Citas cuáqueras británicas de:
Quaker Faith & Practice: el libro de disciplina cristiana de la reunión anual de la Sociedad Religiosa de Amigos (Cuáqueros) en Gran Bretaña, quinta edición (2013). https://qfp.quaker.org.uk/

Agradecimiento especial por el apoyo de Thomas H. & Mary Williams Shoemaker Fund, Philadelphia, PA, Quaker Religious Education Collaborative y Friends Peace Teams.

Quakers4re.org • FriendsPeaceTeams.org • Quaker.org Cultures-of-Peace.org • CourageousGifts.com AVP.International • RC.org NWTRCC.org • centeronconscience.org

www.ingramcontent.com/pod-product-compliance
Lightning Source LLC
Chambersburg PA
CBHW071239090426
42736CB00014B/3144